ATTENTION ÇA COULE !

@chef.jeannours

ATTENTION ÇA COULE !

RECETTES DÉCADENTES POUR LES AMOUREUX DU FROMAGE

Photographies : Laurent Moynat
Stylisme : Bérengère Abraham

SOLAR

AVANT-PROPOS

Je me présente, je m'appelle Jean-Louis, mais beaucoup me connaissent sous le pseudonyme de Chef Jean-Nours sur les réseaux sociaux*.

Mais qui suis-je réellement, derrière ces vidéos ? À l'origine, rien ne me prédestinait à la cuisine. J'ai commencé à travailler très jeune, à 15 ans, en pré-apprentissage de menuiserie, puis à 16 ans, en apprentissage de plâtrier-plaquiste.

Bien que plâtrier fut mon premier métier de cœur, j'ai dû l'abandonner à 17 ans à cause d'une dermatite atopique sévère qui ne m'a jamais quitté, même aujourd'hui. À l'époque, en 2004-2005, je dois choisir une nouvelle voie. Mon choix se porte alors sur la restauration. Je débute dans un restaurant de fruits de mer, avec un CDI à mi-temps. Les horaires étaient flexibles... mais le salaire ne l'était pas ! De ce premier emploi, je retiens surtout que l'autorité intransigeante de la restauration et moi, ça fait deux. Par la suite, j'ai travaillé un peu partout en saison en restauration, surtout dans des villages vacances où l'autorité restait plus cool et où les horaires me permettaient de profiter de jours de congé fixes.

C'est à 27 ans, en 2015, que je décide d'arrêter les saisons pour des raisons personnelles. Et c'est à cette époque que je découvre YouTube, les réseaux sociaux, moi qui n'étais pas du tout connecté. En l'espace de quelques mois, je m'inscris sur tous les réseaux de l'époque et je commence à créer des vidéos de cuisine. Puis, en 2022, après des centaines de vidéos, deux titres professionnels en poche, un de cuisinier et l'autre de monteur vidéo, je commence à construire une communauté qui ne cessera de grandir jusqu'à atteindre 4 millions d'abonnés cumulés.

Je pense qu'aujourd'hui, je suis autant passionné par la cuisine que par la création de vidéos. J'aime l'idée de donner envie de goûter à un plat grâce à l'image. Pour cela, je m'efforce d'avoir le bon éclairage, le bon flou, et d'apporter une pointe d'humour pour ne pas être trop formel.

Dans mes vidéos, contrairement à ce que l'on pourrait penser, je ne suis pas la vedette. Je laisse ce rôle au fromage, qui le remplit à merveille. Il y a aussi très souvent des notes italiennes. C'est sûrement dû à mon enfance : mon grand-père était italien et ma grand-mère française. Ces deux cuisines se reflètent dans mes vidéos. Je vous dédie ce livre, papi et mamie.

Attention, ça coule ! est un livre de cuisine né de ma passion pour la cuisine et l'envie de partager des recettes gourmandes et généreuses. En collaboration avec les éditions Solar, j'ai eu l'opportunité de réaliser ce rêve d'enfant : créer un livre de recettes qui me ressemble et qui vous offrira des moments de plaisir autour de la table.

Mon objectif avec ce livre n'est pas de vous proposer des recettes équilibrées, mais plutôt des recettes qui évoquent la convivialité et la gourmandise, un livre que vous pourrez sortir de temps en temps, lorsque l'envie de vous faire plaisir sans retenue vous prendra. Que ce soit pour un dîner entre amis, une soirée en famille, ou simplement pour satisfaire une envie gourmande, vous trouverez ici de quoi ravir vos papilles et celles de vos convives.

Les recettes que je vous propose sont toutes centrées autour d'un ingrédient que j'adore : le fromage. Il a toujours eu une place centrale dans mes repas. Ce livre est donc une ode à cet ingrédient merveilleux, que j'ai décliné sous toutes ses formes : coulant, croquant, filant, crémeux, fondant. C'est aussi un moyen pour moi de partager avec vous un peu de ma passion et de ma créativité. J'espère qu'il saura vous inspirer et vous accompagnera lors de nombreux moments de plaisir culinaire.

Bon appétit et à très bientôt en cuisine !

Chef Jean-Nours
@chef.jeannours

*** @chef.jeannours, sur TikTok, Instagram et YouTube !**
D'ailleurs, n'oubliez pas de m'identifier dans vos stories avec ce livre lorsque vous l'aurez entre les mains, cela me ferait plaisir de vous faire un petit coucou !

SOMMAIRE

LE COIN DES FROMAGES

Avant d'attaquer les recettes, qui font la part belle à ce produit que j'adore, le fromage, j'ai eu envie de mettre en avant le métier de fromager. J'ai donc tout de suite pensé à Christophe Fromager (@christophefromager), un professionnel au savoir-faire incroyable, qui sait mettre en valeur le fromage dans ses créations, lesquelles relèvent pour moi de l'art ! Je vais donc lui confier les manettes de ces quelques pages afin qu'il partage son amour du fromage avec nous.

Hello, Je m'appelle Christophe, plus connu sur les réseaux et dans le microcosme de la gastronomie fromagère en France (et dans le monde) sous le nom de Christophe Fromager. Je suis vice-champion du monde des crémiers fromagers et un inconditionnel du beau et bon fromage.

Je suis crémier-fromager depuis une quinzaine d'années et j'ai travaillé dans de grandes capitales telles que Londres, Paris, ou encore Tokyo. J'ai servi les plus grandes tables étoilées du monde (Robuchon, Ducasse, Gagnaire, Troisgros et bien d'autres...) et je connais très bien la gastronomie fromagère. Je suis aujourd'hui à la tête de deux boutiques dans le Sud-Ouest de la France (Landes et Pays-Basque, ma région natale) et je développe mon concept consistant à dépoussiérer l'image du fromage, en le rendant plus appétissant, plus sexy.

Jean-Nours et moi avons d'abord collaboré sous forme de plusieurs petites vidéos qu'il a réalisées avec quelques-uns de mes fromages. De fil en fromages, nous avons tissé une certaine complicité. Nous échangeons régulièrement sur nos deux passions : la gastronomie fromagère et l'audiovisuel.

Je le remercie d'ailleurs de me permettre d'apparaître dans son grimoire gourmand, et vais essayer de vous apporter mon expertise en tant que fromager pour vous guider dans vos choix, dès lors que vous aurez à choisir du fromage pour vos plateaux ou vos recettes.

COMMENT BIEN CHOISIR SON FROMAGE ?

Dans mes boutiques, je travaille essentiellement avec des fromages fermiers au lait cru. Je sélectionne aussi des fromages issus de plus grandes exploitations, artisanales et laitières. revanche, je fais le choix de ne pas travailler avec des fromages industriels, qui représentent, à eux seuls, plus de 80 % de l'offre fromagère en France.

Le fromage est un budget. Compte tenu des moyens de chacun, votre choix sera évidemment guidé dans un premier temps par ce critère : le prix.

Cela dit, les meilleurs fromages ne sont pas forcément les plus chers. Les bons fromages se trouvent essentiellement dans les 4 000 boutiques référencées comme « fromagerie », que vous trouverez partout en France. Les marchés, les halles, les crémeries de centre-ville ou de périphéries vous offriront généralement le meilleur choix en termes de fromages.

LES CRITÈRES DE SÉLECTION

- les fromages au lait cru,
- les fromages issus de petites exploitations (fermiers ou artisanaux),
- les fromages vendus dans des fromageries spéciales (ou directement chez le producteur),
- les fromages avec des labels ou ayant reçu des distinctions (AOP, IGP, Label Rouge, médailles),
- les fromages en accord avec votre budget et vos besoins.

Ne faites pas l'amalgame de penser qu'un fromage de supermarché est forcément moins cher qu'un fromage de petite boutique. C'est vrai dans la plupart des cas, mais pas tout le temps ! Vous pourrez faire de super affaires sur un marché, ou en achetant directement chez le petit producteur à côté de chez vous.

Le saviez-vous ?
Un fromage au lait cru sera forcément plus savoureux qu'un fromage au lait pasteurisé.

Mais alors, qu'est-ce qu'un fromage au lait cru, pasteurisé (voire même thermisé) ?

LES 4 INGRÉDIENTS DU FROMAGE

- le lait
(de vache, de chèvre, de brebis...),
- la présure
(qui fait coaguler le lait et dont la partie solide est conservée pour faire le fromage),
- les ferments lactiques
(bactéries et champignons indispensables à la fabrication d'un fromage ; sans eux, le fromage n'existe pas),
- le sel
(pour aider à la conservation et donner du goût)

À cela peuvent s'ajouter des ingrédients spécifiques à un fromage : charbon de bois (comme pour le Morbier, le Sainte-Maure de Touraine...), herbes aromatiques (comme pour certains fromages frais, certains Gouda...), piment, épices...

Les fromages au lait cru sont des fromages qui sont fabriqués à base de lait qui n'a pas été chauffé avant la fabrication. Chauffer le lait permet d'éliminer les germes et les bactéries qui seraient présents dans le lait, mais qui donnent aussi la typicité, le goût et le caractère d'un fromage. Plus un lait est chauffé, moins le fromage aura de goût.

Ce n'est pas parce que je travaille essentiellement avec des produits fermiers au lait cru que je jette la pierre aux fromages industriels. J'estime qu'ils ont aussi un rôle à jouer dans notre consommation. Ils représenteraient à ce jour plus de 80 % des fromages consommés en France. Mais, dans un souci de goût, de préservation de nos savoir-faire (dont les AOP sont les garants), de nos traditions et de notre mode de vie rural et campagnard, je privilégierai toujours un fromage fermier au lait cru avant un fromage industriel.

Pour vous aider à vous repérer en fonction des fromages choisis par Jean-Nours pour ses recettes, j'ai divisé les fromages en différentes familles :

PÂTES DURES & SEMI DURES

Le saviez-vous ?
Les fromages durs sont généralement les plus gras !

Plus un fromage est dur et vieux, plus il sera gras. Quand un fromage s'affine, c'est en fait l'eau qu'il contient qui s'évapore. Plus l'eau s'évapore, et plus le gras sera prédominant dans la matière dites « sèche » du fromage.

Ces fromages sont les plus utilisés dans la cuisine pour leur capacité à être fondus, et retravaillés à l'infini. Par exemple, il suffit de faire simplement fondre du râpé au four pour obtenir de magnifiques tuiles de fromage !

Emmental*
Parmesan*
Cheddar
Beaufort*
Comté*
Gruyère Suisse*
Gruyère Français (IGP)*

Vacherin fribourgeois*
Mimolette
Fromage à raclette*
Pecorino romano*
Leerdammer
Saint-Nectaire*

** Déclinaisons possibles en AOP (Appellation d'Origine Protégée) que je recommande : Emmental Suisse / Emmental de Savoie / Parmigiano Reggiano / Beaufort d'été / Beaufort Chalet d'Alpages / Comté 12 ou 18 mois / Vacherin Fribourgeois / Gruyère d'Alpages / Raclette de Savoie / Raclette du Valais / Pecorino Romano 18 mois / Saint-Nectaire Fermier*

PÂTES MOLLES & FROMAGES FRAIS

Le saviez-vous ?
Les fromages les plus mous sont généralement les moins gras !

La texture crémeuse et moelleuse ne vient pas du gras, mais de l'eau qu'il y a à l'intérieur d'un fromage. En général, plus un fromage est mou et frais, moins il sera gras !

Également, la croûte de ces fromages sera un indicateur de leur puissance. Je les classerai donc en 3 sous-familles. Dans l'ordre, des plus forts au moins forts !

1. Les « oranges »
croûtes lavées

Munster*
Chaumes®
Mont d'or*
Reblochon

2. Les « blancs »
croûtes fleuries

Camembert*
Brie*

3. Les « transparents »
Frais & crème

Burrata
Mozzarella*
Kiri®
Feta
Mascarpone
Ricotta
Fromage de chèvre
Fromage à tartiner

* Déclinaisons possibles en AOP (Appellation d'Origine Protégée) que je recommande : Camembert de Normandie / Brie de Meaux / Munster Fermier / Mont d'Or / Reblochon Fermier / Mozzarella di bufala campana.

LES BLEUS

Le saviez-vous ?
Il y a autant de « moisissure » dans un fromage bleu que dans un camembert ou dans un comté !

La seule différence est que le champignon présent dans un fromage bleu, que l'on appelle « Penicilium Roqueforti » ou « Penicilium Glocum », arbore des couleurs verdâtres, grises et bleutées. Ces champignons sont parfaitement comestibles, aussi bien que celui du camembert, qui s'appelle « Penicilium Camemberti ».

N'ayez donc pas peur, vous mangez autant de moisissures dans un camembert complètement blanc que dans un roquefort ou gorgonzola !

Roquefort*
Gorgonzola*
Fourme d'Ambert*
Bresse Bleu®

* Déclinaisons possibles en AOP (Appellation d'Origine Protégée) que je recommande : Roquefort Carles / Gorgonzola cremoso / Fourme d'Ambert.

ET LA CRÈME DANS TOUT ÇA ?

Que serait notre chère gastronomie française sans sa crème et son beurre ? Ce sont les exhausteurs de goût que le monde entier nous envie ! Des produits essentiels à tout bon cuisinier, qui devra, là aussi, choisir le bon produit.

Le saviez-vous ?
Que grâce à 1 litre de lait on peut obtenir 4 produits ?

Du lait écrémé, de la crème, du beurre, du lait ribot ! Magique, mais pourtant vrai. C'est en faisant tourner le lait à très grande vitesse dans un centrifugeuse que l'on obtient la crème liquide. En secouant, fouettant énergétiquement cette crème, on obtient de la chantilly, puis si on continue encore, du beurre !

Pour toutes vos recettes, privilégiez le beurre doux (0 % de sel) ! Il se sale, s'assaisonne à l'infini alors que son cousin, le demi-sel (entre 0,8 et 3 % de sel) ne se « dessale » pas et ne conviendra pas à toutes les recettes. Le beurre dit salé (plus de 3 % de sel), est celui qui se déguste sur une tranche de pain.

Si vous pouvez, choisissez des beurres fermiers, au lait cru. Vous verrez, les saveurs sont incomparables par rapport aux beurres industriels !

ON BOIT QUOI AVEC TOUT ÇA ?

Votre meilleur allié sera votre caviste, dénicheur de pépites viticoles ! Les accords sont illimités, vous trouverez mille ouvrages qui sauront vous conseiller quoi boire avec quel fromage. Ici, on est entre nous, en famille, entre amis, l'essentiel, c'est de passer un bon moment et pas de faire une Master Class des accords sensoriels et organoleptiques entre le côté capiteux et carnés d'un Saint-Joseph, associé avec l'attaque terreuse et animale d'une tomme de Savoie fermière en affinage long.... Détendons-nous, prenons du plaisir !

Après quelques années au Japon, j'ai pris goût de manger mes repas, tous type de plats, et mes fromages, avec de la bière ! Cet alcool léger et relativement neutre, qui ne masque pas le goût des aliments, est pour moi un allié incontournable à associer au fromage et aux plats fromagers.

En tant que fromager je souhaite mettre en avant le fromage. Par conséquent je choisis des breuvages qui ne masqueront pas le goût du plat, et des fromages !

Mes breuvages préférés (et insolites !)

- sakés japonais (Junmai Daiginjo de préférence),

- Soju (boisson fermentée pétillante coréenne),

- bière blonde ou blanche artisanale (essayez les bières aromatisées selon vos plats),

- vin jaune : Château-Châlon (avec les vieux fromages style comté ou gruyère, les plats à base de poulet, de champignon et de crème),

- vin blanc : Loire et Alsace (chardonnay, sauvignon blanc, gewurztraminer, Pinot Gris),

- vin rouge : côtes-du-rhône, bourgogne,

- vin sucré : Monbazillac, jurançon, sauternes,

- café espresso,

- irish coffee,

- cidre basque (plus relevé que les bretons),

- crémant de Loire,

- txakoli (vin de raisins verts),

- hydromel,

- tonic.

LES INDISPENSABLES

ATTENTION ÇA COULE !

1

LA BÉCHAMEL

J'adore la béchamel, c'est une sauce classique qu'il est absolument essentiel de maîtriser, car elle sert de base à de nombreuses (et bonnes !) recettes.

Pour 2 personnes
Préparation : 5 min
Cuisson : 15 min

20 g de beurre
20 g de farine
20 cl de lait
Noix de muscade
Sel et poivre noir du moulin

Faites fondre le beurre dans une casserole à feu moyen. Ajoutez la farine dans le beurre fondu tout en remuant vigoureusement avec un fouet. La préparation, que l'on appelle un roux, doit être homogène et sans grumeaux.

Laissez cuire le roux à feu moyen pendant 2 à 3 minutes tout en continuant de remuer.

Versez doucement le lait dans le roux tout en fouettant énergiquement pour éviter l'apparition de grumeaux. Laissez cuire la sauce sans cesser de remuer jusqu'à ce qu'elle épaississe, environ 10 minutes.

Pour terminer, assaisonnez avec du sel, du poivre et de la noix de muscade râpée et mélangez bien. C'est prêt !

Pour le roux, vous pouvez utiliser de l'huile à la place du beurre.

LE PESTO

Comme tout le monde, j'ai certains péchés mignons et le pesto en fait partie ! Il agrémente et assaisonne si parfaitement les pâtes que j'en salive en écrivant la recette.

Pour 2 personnes
Préparation : 5 min au mixeur, 10 min au pilon

1,5 gousse d'ail
30 g de parmesan
40 g de basilic frais
15 g de pignons de pin
7 cl d'huile d'olive
Sel et poivre noir du moulin

Épluchez les gousses d'ail, râpez le parmesan et lavez le basilic, qu'il faudra sécher avec du papier absorbant.

Ajoutez l'ensemble des ingrédients, sauf l'huile, dans un pilon et pilez le tout.

Versez pour finir l'huile d'olive petit à petit en filet, en mélangeant jusqu'à ce que le pesto ait la texture souhaitée. C'est prêt ! Vous pouvez le conserver 4 à 5 jours au frais dans un pot.

Si vous n'avez pas de pilon, vous pouvez le faire au mixeur.

LA MAYONNAISE

Simple et technique à la fois, c'est vraiment une sauce représentative de notre gastronomie, que j'aime faire maison. Bien meilleure que la mayo de supermarché !

Pour 2 personnes
Préparation : 10 min

1 jaune d'œuf
1 cuil. à café de moutarde
1 cuil. à soupe de vinaigre ou de jus de citron
20 cl d'huile de tournesol
Épices et herbes aromatiques (facultatif)
Sel et poivre noir du moulin

Mettez le jaune d'œuf dans un bol avec la moutarde et le vinaigre, et fouettez. Une fois le mélange bien homogène, tout en continuant de fouetter, versez l'huile petit à petit en filet continu. Il est important d'ajouter l'huile progressivement pour obtenir une bonne émulsion.

Lorsque la mayonnaise a atteint la consistance que vous souhaitez, assaisonnez-la avec du sel, du poivre, et des épices ou herbes aromatiques de votre choix. Mélangez bien.

Transférez la mayonnaise dans un récipient, et conservez-la au réfrigérateur pour un maximum de 24 heures. C'est prêt !

Veillez à ce que les ingrédients soient à température ambiante sinon la mayonnaise ne va pas prendre.

LA PÂTE À PIZZA

C'est toujours utile d'avoir une recette de pâte à pizza sous la main, ça aide quand on a envie de la faire maison, et c'est meilleur !

Pour 2 pizzas
Préparation : 25 min
Repos : 1 h 30

400 g de farine + pour le plan de travail
15 g de levure fraîche de boulanger
17,5 cl d'eau
4 cuil. à soupe d'huile d'olive
½ cuil. à café de sel

Mettez la farine dans un saladier, faites un puits, ajoutez la levure avec l'eau et recouvrez d'un peu de farine. Laissez reposer jusqu'à voir des crevasses se former (10 minutes environ). Ajoutez ensuite l'huile et le sel, et mélangez jusqu'à obtenir une pâte.

Pétrissez la pâte pendant environ 10 minutes jusqu'à l'obtention d'une boule bien élastique. Laissez lever minimum 1 heure sous un torchon dans un endroit chaud.

Dégazez ensuite la pâte en la pétrissant sur un plan de travail fariné, divisez-la en deux, puis formez 2 boules.

Aplatissez légèrement les boules et laissez-les pousser 30 minutes sous un torchon avant de les étaler. C'est prêt !

Vous pouvez congeler la pâte à pizza pour en avoir toujours de prête.

Vous pouvez utiliser votre four comme chambre de pousse en le réglant à 30-35°C (th.1), sans ventilation.

LA PÂTE BRISÉE

C'est l'une des pâtes que j'ai apprises à faire pendant ma formation en cuisine. Rien de bien compliqué, mais c'est toujours intéressant de maîtriser les bases, et tout est toujours meilleur fait maison !

Pour 2 personnes
Préparation : 10 min
Réfrigération : 30 min

250 g de farine + pour le plan de travail
1 pincée de sel
125 g de beurre froid
5 cl d'eau froide (environ)

Mettez dans un grand bol la farine, le sel ainsi que le beurre froid coupé en dés. Travaillez le mélange du bout des doigts jusqu'à obtenir une texture sableuse.

Creusez un puits au centre de la préparation et versez-y petit à petit l'eau froide tout en mélangeant jusqu'à obtenir une boule de pâte.

Farinez le plan de travail et travaillez la pâte jusqu'à ce qu'elle soit homogène. Reformez une boule, filmez-la et laissez-la reposer au réfrigérateur pendant au moins 30 minutes avant utilisation. C'est prêt !

Assurez-vous que le beurre soit bien froid.

LA PÂTE À CRÊPES
AU BLÉ NOIR

J'aime l'authenticité de cette recette de pâte à crêpes au blé noir qui nous fait directement voyager en Bretagne.

Pour 10 crêpes
Préparation : 5 min
Réfrigération : 1 h

250 g de farine de blé noir
1 œuf
5 g de sel
50 cl d'eau froide

Mettez la farine de blé noir dans un grand bol, puis faites un puits au centre. Cassez l'œuf au centre, ajoutez la pincée de sel et incorporez doucement l'eau froide tout en mélangeant. L'idée est d'intégrer petit à petit la farine sur les bords pour éviter la formation de grumeaux.

Lorsque la pâte est homogène, filmez le bol et laissez reposer au moins 1 heure au frais avant utilisation. C'est prêt ! Conservez au maximum 48 heures au frais.

Respectez bien le temps de repos de la pâte.

PAINS À BURGER

Préparer des pains à burger demande toujours un peu de patience, mais les faire maison reste vraiment satisfaisant.

Pour 2 pains
Préparation : 15 min
Repos : 1 h 30
Cuisson : 15 à 20 min

65 cl de lait tiède
3 g de levure sèche de boulanger
½ cuil. à soupe de sucre roux
100 g de farine de blé
+ pour le plan de travail
½ cuil. à café de sel
2 cuil. à soupe d'origan séché
+ pour saupoudrer
2 cuil. à soupe de parmesan râpé
20 g de beurre à température ambiante

Pour la dorure :
1 œuf

Dans un récipient, mélangez le lait tiède avec la levure sèche et le sucre roux. Laissez reposer pendant 10 minutes.

Dans un saladier, mélangez la farine, le sel, l'origan ainsi que le parmesan râpé. Faites un puits au centre et ajoutez le mélange de levure, ainsi que le beurre mou coupé en dés. Mélangez bien jusqu'à avoir une boule de pâte. Pétrissez la pâte sur une surface farinée pendant environ 10 minutes, jusqu'à ce qu'elle soit lisse et élastique.

Placez la pâte dans le saladier, couvrez-la, et laissez-la reposer dans un endroit chaud pendant 1 heure. Il faut que la pâte double de volume.

Une fois la pâte bien levée, divisez-la en 2 portions de taille égale. Boulez chaque portion et placez-les sur une plaque de cuisson recouverte de papier cuisson. Laissez reposer à couvert pendant encore 20 minutes.

Préchauffez le four à 200 °C (th. 6/7). Badigeonnez les pains à burger d'œuf battu à l'aide d'un pinceau et saupoudrez-les d'origan, puis enfournez-les pour 15 à 20 minutes. Ils doivent être bien dorés sur le dessus. C'est prêt !

Respectez bien le temps de pétrissage, vous devez obtenir une pâte lisse et élastique. Vous pouvez réaliser cette recette sans parmesan et sans origan, et en saupoudrant vos pains de graines de sésame.

LES CROQUANTS

ATTENTION ÇA COULE !

2

CROQUE-MONSIEUR

S'il y a bien un classique de la gastronomie française qui me rappelle les saveurs de l'enfance, c'est le croque-monsieur ! Surtout avec une bonne béchamel maison pour encore plus de gourmandise. Ma nounou adorait me préparer ce plat quand je rentrais de l'école le mercredi midi.

Pour 2 personnes
Préparation : 5 min
Cuisson : 12 à 15 min

4 tranches de pain complet
Béchamel (recette p. 14)
4 tranches d'emmental
2 tranches de jambon blanc

Préchauffez le four à 180 °C (th. 6).

Coupez 4 tranches de 1,5 cm d'épaisseur dans du pain complet.

Disposez les tranches de pain sur une plaque de cuisson et badigeonnez-les de béchamel. Déposez 1 tranche d'emmental, 1 tranche de jambon, puis à nouveau 1 tranche d'emmental et enfin de la béchamel. Recouvrez avec la deuxième tranche de pain, côté béchamel à l'extérieur.

Enfournez pour 12 à 15 minutes. C'est prêt, vous pouvez servir avec de la salade. Bon appétit !

Vous pouvez remplacer la béchamel par du beurre tartiné sur le pain, cela fonctionne aussi très bien.

CROQUE-MADAME

Imaginez un croque-monsieur chaud et réconfortant, agrémenté d'un œuf au plat au jaune coulant, qui se mêle harmonieusement au pain pour lui conférer une onctuosité irrésistible. Pour moi, c'est véritablement le choix idéal pour les lendemains de fête !

Pour 2 personnes
Préparation : 5 min
Cuisson : 12 à 15 min

4 tranches de pain complet
Béchamel (recette p. 14)
4 tranches d'emmental
2 tranches de jambon blanc
Huile
2 œufs
Sel et poivre noir du moulin

Préchauffez le four à 180 °C (th. 6).

Coupez 4 tranches de 1,5 cm d'épaisseur dans du pain complet. Disposez les tranches de pain sur une plaque de cuisson et badigeonnez-les de béchamel. Déposez 1 tranche d'emmental, 1 tranche de jambon, puis à nouveau 1 tranche d'emmental et enfin de la béchamel. Recouvrez avec la deuxième tranche de pain de mie, côté béchamel à l'extérieur.

Enfournez pour 12 à 15 minutes.

Faites chauffer un filet d'huile dans une poêle, puis cassez-y les œufs, salez et poivrez. Une fois les œufs au plat cuits, déposez-les sur les croque-monsieur. C'est prêt, vous pouvez servir avec de la salade. Bon appétit !

Ce plat s'accompagne traditionnellement de salade, mais vous pouvez aussi le servir avec des frites ou des chips.

CROQUE-GAUFRE

Cette variante créative du classique croque-monsieur, remporte toujours un franc succès auprès de mes convives ! Une recette pratique et simple à réaliser qui ne manque jamais de surprendre. Enfournez pendant l'apéro et servez bien chaud !

Pour 2 personnes
Préparation : 10 min
Cuisson : 12 à 15 min

90 g de farine
½ sachet de levure chimique
1 pincée de sel
1 œuf
15 cl de lait
20 g de beurre + pour le gaufrier
2 tranches de jambon blanc
4 tranches d'emmental
Béchamel (recette p. 14)

Préchauffez le four à 180 °C (th. 6).

Mélangez la farine, la levure chimique et la pincée de sel. Faites un puits au centre et ajoutez l'œuf, puis versez petit à petit le lait en mélangeant au fouet en intégrant progressivement la farine sur les bords pour éviter au maximum les grumeaux. Faites fondre le beurre, incorporez à la pâte et mélangez de nouveau.

Préchauffez le gaufrier et graissez-le légèrement avec un peu de beurre.

Versez une louche de pâte en veillant à bien répartir la pâte sur toute la surface. Refermez le gaufrier et laissez cuire les gaufres jusqu'à ce qu'elles soient dorées et croustillantes.

Une fois les gaufres cuites, déposez-les sur une plaque de cuisson et badigeonnez-les de béchamel. Déposez 1 tranche d'emmental, 1 tranche de jambon, puis à nouveau 1 tranche d'emmental et enfin de la béchamel. Recouvrez avec la deuxième gaufre, côté béchamel à l'extérieur.

Enfournez pour 12 à 15 minutes.

C'est prêt, vous pouvez servir avec de la salade. Bon appétit !

Pour une expérience encore plus gourmande, ajoutez une généreuse couche de béchamel sur vos gaufres, saupoudrée d'emmental râpé, puis passez-les au four pour les faire gratiner.

TARTINES
AVOCADO CHEESE ET SAUMON

Lorsque j'ai peu de temps pour cuisiner, j'apprécie souvent la simplicité d'une bonne recette. Cette tartine incarne parfaitement cette idée : son assemblage simple mais délicieux en fait une option idéale pour les jours chargés.

Pour 2 personnes **Préparation : 10 min** **Cuisson : 4 min**

---

2 tranches de pain au choix
Beurre
1 avocat mûr
Le jus de 1 citron
2 tranches de saumon fumé
Fromage à tartiner au choix
Poivre noir du moulin
Huile d'olive
Quelques brins d'aneth

Découpez les tranches de pain, puis faites-les toaster 2 minutes sur chaque face dans une poêle bien chaude avec un peu de beurre. Réservez.

Épluchez l'avocat, coupez-le en lamelles, puis citronnez-les pour éviter qu'elles noircissent. Taillez le saumon fumé en lamelles.

Tartinez les tranches de pain avec du fromage frais de votre choix et saupoudrez de quelques tours de moulin à poivre. Disposez des lamelles d'avocat et de saumon fumé sur les tartines, pressez quelques gouttes de citron et ajoutez un filet d'huile d'olive.

Pour finir, parsemez d'aneth frais ciselé et dressez le tout sur une jolie assiette. Bon appétit !

Cette recette fonctionne aussi très bien avec du fromage de chèvre.

TARTINES AU PESTO
COURGETTE, PARMESAN ET JAMBON CRU

Ce que j'apprécie particulièrement avec cette tartine, ce sont les saveurs italiennes qui la caractérisent : un véritable voyage express !

Pour 2 personnes
Préparation : 15 min
Cuisson : 15 min

1 courgette
2 gousses d'ail
Huile d'olive
Beurre
2 tranches de pain au choix
40 g de pesto (recette p. 16)
1 petit morceau de parmesan
2 à 4 tranches de jambon cru italien

Lavez la courgette et, sans la peler, réalisez des lamelles à l'aide d'un Économe. Pelez et hachez l'ail.

Faites chauffer une poêle avec de l'huile d'olive, ajoutez-y l'ail haché et laissez revenir 2 à 3 minutes à feu moyen. Versez les lamelles de courgette et faites-les revenir quelques minutes jusqu'à ce qu'elles soient fondantes mais encore un peu croquantes. Retirez-les de la poêle et réservez-les au chaud.

Ajoutez un peu de beurre dans la poêle, laissez chauffer, puis mettez à toaster les tranches de pain 2 minutes sur chaque face.

Tartinez une généreuse quantité de pesto sur chaque tranche de pain et déposez-y les lamelles de courgette encore tièdes. Disposez 1 ou 2 tranches de jambon cru sur le dessus et ajoutez quelques copeaux de parmesan.

Pour finir, versez un bon filet d'huile d'olive. Bon appétit !

Si vous êtes amateur d'ail, vous pouvez frotter légèrement les tartines avec une gousse d'ail une fois qu'elles sont toastées.

TARTINES DE BURRATA
ET TOMATES CERISES CONFITES

On a souvent l'habitude de partager la burrata à l'apéritif. Mais, en passionné de fromage, j'aime m'accorder le plaisir d'une tartine garnie d'une burrata entière pour un pur moment de délice.

Pour 2 personnes
Préparation : 10 min
Cuisson : 25 min

20 tomates cerises
Huile d'olive
1 cuil. à soupe de miel
1 cuil. à soupe de vinaigre balsamique
Quelques brins de thym
2 grosses tranches de pain au choix
1 gousse d'ail
2 burratas de 125 g
Basilic frais
Fleur de sel
Sel et poivre noir du moulin

Préchauffez le four à 180 °C (th. 6).

Mettez les tomates cerises préalablement lavées dans un plat. Arrosez-les avec un bon filet d'huile d'olive, le miel, le vinaigre balsamique, ajoutez 1 à 2 pincées de sel ainsi que le thym. Enfournez pour 25 minutes. 5 minutes avant la fin de la cuisson, ajoutez les tranches de pain pour les faire toaster au four.

Pelez l'ail et, à la sortie du four, frottez les tranches de pain avec la gousse d'ail.

Déposez 1 burrata sur chaque tartine. Coupez la burrata en deux et étalez-la à l'aide d'une spatule, par exemple. Répartissez les tomates cerises confites sur la burrata, arrosez d'un filet d'huile d'olive et déposez quelques feuilles de basilic frais.

Pour finir, ajoutez quelques tours de moulin à poivre et une touche de fleur de sel. Bon appétit !

Servez la tartine avec quelques feuilles de roquette.

PANINI MOZZARELLA
TOMATE ET POULET

Cette recette fait partie de mes snacks préférés. Elle allie simplicité, rapidité et fromage filant. J'adore ! Et comme quoi, il ne faut pas forcément de machine à panini pour réaliser le sandwich parfait !

Pour 2 personnes
Préparation : 10 min
Cuisson : 5 min

2 filets de poulet
Huile d'olive
2 tomates
2 boules de mozzarella
60 g de crème fraîche
1 grande baguette
Quelques feuilles de basilic frais
Sel et poivre noir du moulin

Faites cuire les filets de poulet dans un bon filet d'huile d'olive jusqu'à ce qu'ils soient bien dorés. Une fois cuits, déposez-les sur une planche, assaisonnez-les sur chaque face avec du sel et du poivre, puis coupez-les en lamelles et réservez.

Découpez les tomates et la mozzarella en tranches. Mettez la crème fraîche dans un bol, assaisonnez avec du sel, du poivre et mélangez.

Coupez la baguette en deux, puis incisez chaque morceau en deux dans l'épaisseur sans aller jusqu'au bout. Ouvrez les baguettes et badigeonnez chaque côté de crème fraîche. Déposez les lamelles de poulet, ainsi que les tranches de tomate et de mozzarella. Ajoutez quelques feuilles de basilic et refermez les paninis.

Recouvrez chaque panini d'une feuille de papier cuisson, cela évitera que le fromage coule à la cuisson. Faites-les cuire dans une machine à paninis pendant 5 minutes.

Si vous n'avez pas de machine, utilisez deux poêles. Placez les paninis à cuire dans une première poêle, recouvrez-les de papier cuisson et aplatissez-les avec une seconde poêle ou une casserole. Pour qu'ils soient grillés des deux côtés, retournez-les et répétez l'opération. Bon appétit !

Accompagnez les paninis de quelques frites maison.

SANDWICH BŒUF
OIGNON ET CHEDDAR

Ça vaut bien le coup de laisser échapper quelques larmichettes en découpant les oignons pour goûter un peu de cette gourmandise, n'est-ce pas ?

Pour 2 personnes — **Préparation : 10 min** — **Cuisson : 5 min**

2 oignons
1 poivron rouge
20 g de beurre
1 cuil. à café de miel

2 grandes tranches de pain de campagne ou autre
2 cuil. à soupe de mayonnaise (recette p. 18)

2 tranches épaisses de cheddar
3 fines tranches de bœuf cuit
Sel et poivre noir du moulin

Épluchez les oignons, épépinez le poivron et retirez les membranes blanches. Émincez le tout.

Dans une poêle chaude avec la moitié du beurre, faites revenir les oignons et le poivron avec du sel, du poivre et le miel. Laissez cuire à feu moyen pendant environ 5 minutes jusqu'à ce que l'ensemble soit bien caramélisé. Réservez.

Dans la même poêle, toastez avec le reste de beurre les tranches de pain sur chaque face.

Badigeonnez une face de chaque tranche de pain de mayonnaise. Recouvrez avec 1 cuillerée à soupe de la préparation d'oignon et de poivron. Déposez 1 tranche de cheddar et faites-la fondre avec un chalumeau. Déposez 3 tranches de bœuf, puis 1 tranche de cheddar et faites à nouveau fondre au chalumeau. Recouvrez avec 1 cuillerée à soupe de la préparation d'oignon et de poivron.

Fermez le sandwich avec la deuxième tranche de pain, côté mayonnaise vers l'intérieur. Tranchez le sandwich en deux, et servez chaud. Bon appétit !

Pour éviter de pleurer, vous pouvez épluchez les oignons directement dans un saladier d'eau froide.

Feb. 2019

GRILLED CHEESE

Une recette simple, rapide et vraiment gourmande, on a tous besoin de ça dans notre carnet de recettes ! Ça réchauffe vraiment après une journée de boulot.

Pour 2 personnes
Préparation : 5 min
Cuisson : 10 min

4 tranches de pain de campagne
2 tranches de cheddar
(de l'épaisseur des tranches de pains)
2 cuil. à soupe de beurre mou

Étalez uniformément le beurre mou sur un côté de chaque tranche de pain.

Déposez 1 tranche de cheddar de la taille de votre tranche de pain sur le côté non beurré du pain. Fermez avec une deuxième tranche de pain, côté beurré vers l'extérieur.

Préchauffez une poêle à feu moyen.

Déposez les grilled cheese et faites-les dorer quelques minutes sur chaque face. Le fromage doit être bien fondu. Tranchez les grilled cheese en diagonale et servez tant qu'ils sont chauds et bien croustillants. Bon appétit !

Servez les grilled cheese avec une soupe de tomates.

LES COULANTS

ATTENTION ÇA COULE !

3

ROULÉS DE POULET FRIT AU CHEDDAR

Pour 2 à 3 personnes
Préparation : 10 min
Cuisson : 8 à 10 min

4 escalopes de poulet fines
4 tranches de cheddar
Quelques feuilles de basilic frais
2 œufs
150 g de chapelure
2 cuil. à soupe de farine
Huile de friture
Sel et poivre noir du moulin

Disposez les escalopes de poulet entre deux feuilles de papier cuisson et aplatissez-les avec un rouleau à pâtisserie. Retirez le papier cuisson et assaisonnez chaque côté des escalopes avec du sel et du poivre.

Découpez deux morceaux de film alimentaire. Sur chaque film, déposez 2 escalopes, placez dessus 2 tranches de cheddar et des feuilles de basilic. Roulez-les en veillant à bien envelopper le fromage et placez-les au congélateur pendant 1 heure.

Dans une assiette creuse, battez les œufs avec du sel et du poivre. Dans une autre assiette, versez la chapelure et dans une troisième, la farine. Retirez le film de chaque roulé, puis passez-les dans la farine, ensuite dans les œufs battus, et enfin dans la chapelure. Répétez jusqu'à ce que les roulés soient bien recouverts.

Faites cuire les roulés dans une huile à 180 °C pendant environ 10 à 12 minutes, jusqu'à ce qu'ils soient dorés et croustillants.

Déposez-les sur du papier absorbant pour retirer l'excédent d'huile. Coupez les roulés en deux. Servez chaud, accompagnés, d'une purée.
Bon appétit !

Pour la chapelure, vous pouvez utiliser des corn-flakes.

CAMEMBERT FRIT AU JAMBON CRU

Pour 2 à 3 personnes
Préparation : 10 min
Cuisson : 8 à 10 min

1 camembert
8 tranches fines de jambon cru
2 œufs
150 g de chapelure
50 g de farine
Huile de friture
Sel et poivre noir du moulin

Découpez le camembert en 8 morceaux. Recouvrez-les de tranches de jambon, puis piquez chaque morceau avec une pique à brochettes. Réservez.

Dans une assiette creuse, battez les œufs avec du sel et du poivre. Dans une autre assiette creuse, versez la chapelure, et dans une troisième assiette, la farine. Passez chaque morceau de camembert d'abord dans la farine, puis dans les œufs battus, et enfin dans la chapelure. Répétez cette opération jusqu'à ce que tous les morceaux soient bien recouverts.

Faites frire les morceaux de camembert panés dans une huile à 180 °C pendant environ 8 à 10 minutes, jusqu'à ce qu'ils soient dorés et croustillants.

Égouttez-les sur du papier absorbant pour retirer l'excédent d'huile. Disposez-les sur une assiette, retirez les piques et servez chaud, accompagnés d'une salade.
Bon appétit !

Piquez chaque part du camembert avec des piques à brochettes, cela évite de vous en mettre plein les mains.

LEERDAMMER® FRIT
AU CŒUR COULANT

Découvrez une explosion de saveurs avec ces palets de Leerdammer® frits au cœur coulant, parfaits pour satisfaire vos envies de fromage grâce à une touche croustillante.

Pour 2 à 3 personnes
Préparation : 10 min
Cuisson : 8 à 10 min

1 morceau de Leerdammer® (environ 200 g)
2 œufs
150 g de chapelure
50 g de farine
Huile de friture
Sel et poivre noir du moulin

Découpez des tranches de 1,5 cm d'épaisseur dans le morceau de Leerdammer® et piquez chacune avec une pique à brochettes. Réservez.

Dans une assiette creuse, battez les œufs avec du sel et du poivre. Dans une autre assiette creuse, versez la chapelure, et dans une troisième assiette, la farine. Passez chaque morceau de fromage d'abord dans la farine, puis dans les œufs battus, et enfin dans la chapelure. Répétez cette opération jusqu'à ce que le fromage soit bien recouvert.

Faites frire les morceaux de Leerdammer® panés dans une huile à 180 °C pendant environ 8 à 10 minutes, jusqu'à ce qu'ils soient dorés et croustillants.

Égouttez-les sur du papier absorbant pour retirer l'excédent d'huile. Disposez-les sur une assiette, retirez les piques et servez chaud, éventuellement accompagnés d'une salade. Bon appétit !

Pour ajouter une texture supplémentaire et des saveurs intéressantes, n'hésitez pas à agrémenter votre panure de graines de sésame ou de courge.

FONDUE SAVOYARDE

Une recette typique de la Savoie : son secret réside dans le choix de fromages de qualité, mais aussi dans une bonne gestion du feu lors de la cuisson.

Pour 2 personnes
Préparation : 10 min
Cuisson : 15 à 20 min

1 gousse d'ail
140 g de beaufort
140 g de comté
140 g d'emmental
Pain au choix
21 cl de vin blanc de Savoie
1 cuil. à café de fécule de maïs
1 petit verre de kirsch
Poivre noir du moulin
Noix de muscade

Pelez la gousse d'ail et coupez-la en deux. Frottez avec l'ail l'intérieur de l'appareil à fondue.

Râpez les fromages, mélangez-les et réservez-les. Coupez le pain en cubes.

Mettez le vin blanc à chauffer dans l'appareil à fondue jusqu'à frémissement, puis ajoutez les fromages poignée par poignée tout en mélangeant bien entre chaque ajout à l'aide d'une cuillère en bois.

Lorsque tout le fromage est incorporé et la préparation homogène, délayez dans un bol la fécule avec le kirsch. Incorporez cette préparation à la fondue et continuez de remuer jusqu'à obtenir une fondue homogène et légèrement épaissie. Assaisonnez ensuite la fondue avec du poivre et de la muscade fraîchement râpée et mélangez à nouveau.

Maintenez la fondue au chaud et servez-la aussitôt avec des cubes de pain à tremper dedans. Bon appétit !

Ne cessez jamais de remuer et ajoutez les fromages petit à petit pour obtenir une émulsion lisse.

FONDUE SUISSE

Cette fondue est un emblème de la cuisine helvétique. Le gruyère et le vacherin se marient à merveille. C'est un pur délice.

Pour 2 personnes
Préparation : 10 min
Cuisson : 15 à 20 min

1 gousse d'ail
210 g de gruyère suisse
210 g de vacherin fribourgeois
Pain au choix
21 cl de vin blanc suisse
1 cuil. à café de fécule de maïs
1 petit verre de kirsch
Poivre noir du moulin
Noix de muscade

Pelez la gousse d'ail et coupez-la en deux. Frottez avec l'ail l'intérieur de l'appareil à fondue.

Râpez les fromages, mélangez-les et réservez-les. Coupez le pain en cubes.

Mettez le vin blanc à chauffer dans l'appareil à fondue jusqu'à frémissement, puis ajoutez les fromages poignée par poignée tout en mélangeant bien entre chaque ajout à l'aide d'une cuillère en bois.

Lorsque tout le fromage est incorporé et la préparation homogène, délayez dans un bol la fécule avec le kirsch. Incorporez cette préparation à la fondue et continuez de remuer jusqu'à obtenir une fondue homogène et légèrement épaissie. Assaisonnez ensuite la fondue avec du poivre et de la muscade fraîchement râpée et mélangez à nouveau.

Maintenez la fondue au chaud et servez-la aussitôt avec des cubes de pain à tremper dedans. Bon appétit !

Vous pouvez l'accompagner de cornichons et même de légumes.

FONDUE
JURASSIENNE

La variante jurassienne de la fondue n'a, pour moi, rien à envier aux autres fondues. C'est un plat parfait pour une soirée entre potes.

Pour 2 personnes
Préparation : 10 min
Cuisson : 15 à 20 min

1 gousse d'ail
420 g de comté
Pain au choix
21 cl de vin jaune du Jura
1 cuil. à café de fécule de maïs
1 petit verre de kirsch
Poivre noir du moulin
Noix de muscade

Pelez la gousse d'ail et coupez-la en deux. Frottez avec l'ail l'intérieur de l'appareil à fondue.

Râpez le comté. Coupez le pain en cubes.

Mettez le vin blanc à chauffer dans l'appareil à fondue jusqu'à frémissement, puis ajoutez les fromages poignée par poignée tout en mélangeant bien entre chaque ajout à l'aide d'une cuillère en bois.

Lorsque tout le fromage est incorporé et la préparation homogène, délayez dans un bol la fécule avec le kirsch. Incorporez cette préparation à la fondue et continuez de remuer jusqu'à obtenir une fondue homogène et légèrement épaissie. Assaisonnez ensuite la fondue avec du poivre et de la muscade fraîchement râpée et mélangez à nouveau.

Maintenez la fondue au chaud et servez-la aussitôt avec des cubes de pain à tremper dedans. Bon appétit !

Vous pouvez remplacer le comté par du mont d'or.

REBLOCHON
RÔTI AU FOUR

Imaginez un reblochon fondant, doré et délicieusement parfumé, tout juste sorti du four. Accompagné d'un verre de vin blanc de Savoie, c'est un vrai moment de bonheur à savourer.

Pour 2 à 3 personnes
Préparation : 5 min
Cuisson : 12 min

1 reblochon
2 gousses d'ail
2 cuil. à soupe de vin blanc de Savoie
2 brins de thym

Préchauffez le four à 220 °C (th. 7/8).

Déposez le reblochon dans un petit plat à gratin ou laissez-le dans son emballage en bois. Quadrillez-le avec un couteau mais sans aller jusqu'au bout.

Pelez et hachez l'ail. Arrosez le fromage avec le vin, puis saupoudrez-le d'ail haché et déposez les brins de thym. Écartez le quadrillage pour faire pénétrer.

Déposez le reblochon sur une plaque de four et enfournez pour environ 12 minutes, jusqu'à ce qu'il soit bien fondu. À la sortie du four, retirez le thym et mélangez le reblochon avec une cuillère.

Dégustez-le avec des pommes de terre et un bon verre de vin blanc de Savoie. Bon appétit !

Lorsque vous choisissez votre reblochon, regardez les pastilles sur l'étiquette. La pastille rouge indique un reblochon laitier (fabriqué à partir d'un assemblage de laits), tandis que la pastille verte signifie qu'il est fermier (artisanal, fabriqué dans une ferme). Le fromage fermier a un goût plus affirmé, tandis que le laitier est plus doux C'est une petite astuce toute simple pour s'assurer d'avoir le meilleur des fromages !

BRIE RÔTI
AU FOUR

Le brie rôti au four, c'est un classique réconfortant qui ne déçoit jamais. Son extérieur grillé contraste parfaitement avec son cœur fondant, offrant une expérience gustative inoubliable.

Pour 2 à 3 personnes **Préparation : 5 min** **Cuisson : 12 min**

---

1 brie
2 cuil. à soupe de miel
Poivre noir du moulin
1 branche de romarin

Préchauffez le four à 220 °C (th. 7/8).

Déposez le brie dans un petit plat à gratin ou laissez-le dans son emballage en bois. Quadrillez-le avec un couteau mais sans aller jusqu'au bout.

Arrosez le fromage avec le miel, ajoutez 1 pincée de poivre noir moulu et déposez la branche de romarin. Écartez le quadrillage pour faire pénétrer.

Déposez le brie sur une plaque de four et enfournez pour environ 12 minutes, jusqu'à ce qu'il soit bien fondu. À la sortie du four, retirez le romarin et mélangez le brie avec une cuillère.

Dégustez-le avec du pain frais. Bon appétit !

Pour éviter les soucis avec les emballages en bois et le fromage qui coule sur la plaque de cuisson, glissez un morceau de papier cuisson entre le fromage et la boîte avant de le mettre au four.

MUNSTER
RÔTI AU FOUR

Succombez aux saveurs d'un bon munster rôti au four. Sa croûte dorée renferme un fromage fondant à souhait et il s'accompagne à merveille d'un verre de vin blanc d'Alsace.

Pour 2 à 3 personnes
Préparation : 5 min
Cuisson : 12 min

1 munster
2 cuil. à soupe de miel
2 cuil. à soupe de noix concassées
1 brin de thym
Poivre noir du moulin
Pain grillé

Préchauffez le four à 220 °C (th. 7/8).

Déposez le munster dans un petit plat à gratin ou laissez-le dans son emballage en bois. Quadrillez-le avec un couteau mais sans aller jusqu'au bout.

Arrosez le fromage avec le miel, saupoudrez-le de noix concassées et déposez le brin de thym. Écartez le quadrillage pour faire pénétrer.

Déposez le munster sur une plaque de four et enfournez pour environ 12 minutes, jusqu'à ce qu'il soit bien fondu. À la sortie du four, retirez le thym et mélangez le munster avec une cuillère.

Dégustez-le avec du pain grillé et un bon verre de vin d'Alsace. Bon appétit !

Pour une touche encore plus gourmande, je vous suggère de servir ce munster avec des bretzels d'Alsace ou des pommes de terre.

LES MOELLEUX

ATTENTION ÇA COULE !

4

BURGER FISH AND CHIPS
À LA MIMOLETTE

Découvrez une variation gourmande du classique fish and chips avec ce burger à la mimolette, où le caractère fruité du fromage se marie à la perfection avec le fondant de la chair du poisson.

Pour 2 personnes
Préparation : 15 min
Cuisson : 5 à 6 min

4 filets de poisson sans arêtes
Quelques brins d'aneth
1 œuf
1 cuil. à soupe de farine
4 tranches de mimolette
2 pains à burger
Quelques feuilles de laitue
1 oignon rouge
Huile
Sel et poivre noir du moulin

Pour la sauce :
1 échalote
Quelques brins d'aneth
1 cornichon
4 cuil. à soupe de crème fraîche
Le jus de ¼ de citron
Sel et poivre noir du moulin

Préparez la sauce. Pelez et ciselez l'échalote, ciselez l'aneth et le cornichon. Dans un bol, mélangez bien tous les ingrédients, assaisonnez et réservez.

Hachez au robot les filets de poisson avec l'aneth, puis ajoutez l'œuf, du sel et du poivre et mixez à nouveau. Formez 4 steaks fins, puis passez-les dans la farine.

Dans une poêle, mettez à chauffer un peu d'huile, puis faites cuire les steaks de poisson pendant 3 à 4 minutes de chaque côté. Déposez 1 tranche de mimolette sur chaque steak, couvrez et laissez cuire à feu doux pour faire fondre la mimolette. Réservez.

Toastez les pains à burger coupés en deux dans la même poêle. Pelez et taillez l'oignon rouge en fines rondelles.

Sur la base de chaque pain, déposez de la sauce, un steak de poisson, à nouveau de la sauce, un deuxième steak de poisson, puis de la salade et quelques tranches d'oignon rouge. Pour finir, déposez la partie supérieure du pain sur le tout et servez avec des frites. Bon appétit !

Accompagnez ce burger de chips de légumes pour une touche croustillante et savoureuse.

BURGER AU POULET
ET CHÈVRE, SAUCE AU MIEL

Étant friand du mariage sucré-salé, je trouve que ce burger coche toutes les cases. Il a le talent de ravir mes papilles à chaque bouchée !

Pour 2 personnes
Préparation : 15 min
Cuisson : 35 min

2 œufs
150 g de corn-flakes
50 g de farine
2 filets de poulet
1 oignon rouge
10 g de beurre
3 cuil. à café de miel
4 tranches de fromage de chèvre
1 brin de thym
2 pains à burger
4 tranches de lard
Sel et poivre noir du moulin

Pour la sauce au miel :
2 cuil. à soupe de moutarde
1 cuil. à café de miel
Quelques brins de ciboulette
Quelques feuilles de salade verte
Sel et poivre noir du moulin

Préchauffez le four à 180 °C (th. 6). Fouettez les œufs dans une assiette creuse avec du sel et du poivre, mixez les corn-flakes et placez-les dans une deuxième assiette creuse, placez la farine dans une troisième assiette. Passez les filets de poulet dans la farine, puis dans l'œuf, et pour finir dans les corn-flakes. Répétez l'opération œuf + corn-flakes.

Déposez les filets de poulet panés dans un plat et enfournez pour environ 20 minutes. La viande doit atteindre 70-72 °C à cœur.

Pelez et émincez l'oignon rouge, et faites-le fondre dans un peu de beurre avec 1 cuillerée à café de miel, environ 10 minutes à feu doux. Réservez.

Une fois les filets de poulet cuits, déposez 2 tranches de chèvre sur chacun. Assaisonnez le chèvre avec 1 cuillerée à café de miel et du thym effeuillé, puis enfournez pour 5 minutes. En même temps, toastez au four les pains à burger coupés en deux ainsi que les tranches de lard.

Dans un bol, mélangez la moutarde avec le miel, la ciboulette ciselée, du sel et du poivre.

Étalez une généreuse couche de sauce sur la base de chaque pain. Déposez de belles feuilles de salade sur la sauce, puis le filet de poulet, 2 tranches de lard et des oignons caramélisés. Pour finir, déposez la partie supérieure du pain sur le tout et servez avec des frites. Bon appétit !

Vous pouvez remplacer la salade verte par de la roquette ou même du chou rouge.

DOUBLE CHEESEBURGER
AU BŒUF ET CHEDDAR

Parfois, un peu de générosité ne fait pas de mal, surtout sur deux étages. C'est vraiment le type de burger que j'aime croquer à pleines dents.

Pour 2 personnes **Préparation : 15 min** **Cuisson : 4 min**

---

400 g de viande de bœuf hachée
½ oignon
4 cornichons
Huile d'olive
4 tranches de cheddar
2 pains à burger
2 cuil. à soupe de ketchup
Sel et poivre noir du moulin

Divisez la viande de bœuf en 4 portions, formez des boules et aplatissez-les pour obtenir des steaks. Assaisonnez les deux faces de chaque steak avec du sel et du poivre.

Pelez et émincez l'oignon, coupez les cornichons en rondelles et coupez les pains à burger en deux. Réservez.

Dans une poêle, faites chauffer de l'huile d'olive et saisissez-y à feu vif les steaks à la cuisson souhaitée (2 minutes par face pour une cuisson à point). Avant la fin de la cuisson, déposez 1 tranche de fromage sur chaque steak et couvrez la poêle pour le faire fondre. Réservez.

Servez-vous de la même poêle pour toaster les pains à burger pour qu'ils soient légèrement dorés.

Sur la base de chaque pain, étalez 1 cuillerée à soupe de ketchup, puis déposez les steaks l'un sur l'autre afin de former deux étages. Parsemez d'oignon et de cornichon. Pour finir, déposez la partie supérieure du pain sur le tout et servez avec des frites. Bon appétit !

Ajoutez quelques tranches de bacon croustillantes pour encore plus de gourmandise.

CAKE AU JAMBON
ET AU GRUYÈRE

Le cake au jambon et au gruyère, c'est l'une de mes recettes préférées lorsque je cherche quelque chose de rapide et délicieux à préparer (et à emporter !).

Pour 4 personnes
Préparation : 10 min
Cuisson : 45 min

180 g de jambon blanc
180 g de gruyère de Savoie
180 g de farine
1 sachet de levure chimique
4 œufs
14 cl de lait
2 cuil. à soupe d'huile d'olive
Sel et poivre noir du moulin
Beurre et farine pour le moule

Préchauffez le four à 180 °C (th. 6).

Détaillez le jambon et le gruyère en dés.

Dans un grand saladier, mélangez la farine avec la levure chimique. Faites un puits au centre et ajoutez les œufs, puis mélangez bien tout en versant le lait petit à petit. Une fois la pâte homogène, intégrez les dés de gruyère et de jambon ainsi que l'huile. Salez, poivrez et mélangez bien.

Versez la pâte dans un moule à cake préalablement beurré et fariné, puis enfournez pour 45 minutes. Vérifiez la cuisson avec la pointe d'un couteau qui doit ressortir sèche. Laissez refroidir avant de démouler le cake. Bon appétit !

Pour ajouter une touche d'originalité, je vous recommande de le servir avec une délicieuse sauce à l'ail et au persil.

CAKE CHÈVRE
TOMATES CONFITES ET BASILIC

Plongez dans une explosion de saveurs méditerranéennes. Une harmonie parfaite entre le fondant du fromage de chèvre, la douceur des tomates confites et la fraîcheur du basilic.

Pour 4 personnes
Préparation : 10 min
Cuisson : 45 min

180 g de tomates confites
180 g de chèvre
10 feuilles de basilic
180 g de farine
1 sachet de levure chimique
4 œufs
14 cl de lait
2 cuil. à soupe d'huile d'olive
Sel et poivre noir du moulin
Beurre et farine pour le moule

Préchauffez le four à 180 °C (th. 6).

Détaillez les tomates confites et le chèvre en dés. Ciselez les feuilles de basilic.

Dans un grand saladier, mélangez la farine avec la levure chimique. Faites un puits au centre et ajoutez les œufs, puis mélangez bien tout en versant le lait petit à petit. Une fois la pâte homogène, intégrez les dés de tomate confite et de chèvre ainsi que l'huile d'olive et le basilic ciselé. Salez, poivrez et mélangez doucement à la Maryse.

Versez la pâte dans un moule à cake préalablement beurré et fariné, puis enfournez pour 45 minutes. Vérifiez la cuisson avec la pointe d'un couteau qui doit ressortir sèche. Laissez refroidir avant de démouler le cake. Bon appétit !

Saupoudrez le dessus du cake de quelques feuilles de basilic ciselées avant de servir.

CAKE
À LA COURGETTE ET À LA FETA

Découvrez la fraîcheur estivale de ce cake à la courgette et feta. Une recette originale qui séduira vos papilles par sa légèreté et sa gourmandise.

Pour 4 personnes
Préparation : 15 min
Cuisson : 55 min

2 courgettes
180 g de feta
2 gousses d'ail
3 cuil. à soupe d'huile d'olive
180 g de farine
1 sachet de levure chimique
4 œufs
14 cl de lait
Sel et poivre noir du moulin
Beurre et farine pour le moule

Préchauffez le four à 180 °C (th. 6).

Lavez et découpez les courgettes en lamelles. Émiettez grossièrement la feta. Pelez et hachez l'ail.

Dans une poêle, faites chauffer 1 cuillerée à soupe d'huile, ajoutez l'ail et les courgettes et faites revenir 8 à 10 minutes. Les courgettes doivent rester croquantes. Réservez.

Dans un grand saladier, mélangez la farine avec la levure chimique. Faites un puits au centre et ajoutez les œufs, puis mélangez bien tout en versant le lait petit à petit. Salez, poivrez et ajoutez l'huile restante, puis mélangez bien.

Dans un moule à cake beurré et fariné, versez une mince couche de pâte sur le fond, puis de la feta grossièrement émiettée et des lamelles de courgette à l'ail. Répétez l'opération jusqu'à épuisement de la pâte.

Enfournez pour 45 minutes. Vérifiez la cuisson avec la pointe d'un couteau qui doit ressortir sèche. Laissez refroidir avant de démouler le cake. Bon appétit !

Pour une texture encore plus moelleuse, ajoutez une cuillerée à soupe de yaourt nature à la préparation avant d'enfourner.

PAIN FOURRÉ
AU CAMEMBERT

Plaisir coulant en perspective avec ce pain fourré au camembert. Une vraie et délicieuse invitation à la convivialité, à partager lors d'un apéro !

Pour 2 à 3 personnes
Préparation : 10 min
Cuisson : 20 min

1 boule de pain de campagne rond
1 camembert
2 cuil. à soupe de vin blanc
2 gousses d'ail
Quelques branches de thym frais
Poivre noir du moulin

Préchauffez le four à 180 °C (th. 6).

Déposez le camembert sur la boule de pain et marquez les dimensions du camembert sur le pain avec un couteau. Retirez le dessus du pain et la quantité de mie nécessaire pour creuser le pain et y loger le camembert. Incisez les bords de la miche tout autour, cela permettra de déchirer ces morceaux pour les tremper dans le fromage.

Déposez le camembert dans le pain, quadrillez le dessus avec un couteau.

Pelez et hachez les gousses d'ail. Arrosez le camembert de vin, puis saupoudrez-le d'ail haché et disposez quelques branches de thym et poivrez.

Enfournez le pain fourré sur une grille pour 20 minutes.

À la sortie du four, retirez le thym et mélangez le camembert avec une cuillère. C'est le moment d'y tremper les morceaux de pain. Bon appétit !

En fonction de la taille du pain ou du nombre de convives, n'hésitez pas à préparer un camembert en plus à côté, que vous laisserez dans sa boîte en bois avec un papier cuisson dessous (pour éviter que le camembert coule à la cuisson).

PAIN AU BEURRE PERSILLÉ
ET AU COMTÉ

Un classique revisité avec ce pain au beurre persillé et au comté. J'apprécie vraiment la simplicité de cette recette qui se partage à plusieurs.

Pour 2 à 3 personnes
Préparation : 10 min
Cuisson : 15 min

2 gousses d'ail
1 bouquet de persil frais
50 g de beurre
1 boule de pain de campagne
160 g de comté
Sel et poivre noir du moulin

Préchauffez le four à 180 °C (th. 6).

Pelez et hachez les gousses d'ail. Lavez, séchez et hachez le persil.

Faites fondre le beurre. Dans un bol, mélangez le beurre fondu avec l'ail haché, le persil haché, ainsi que du sel et du poivre.

À l'aide d'un couteau à pain, quadrillez la surface de la boule de pain de campagne sans aller trop loin. Détaillez le comté en tranches et disposez-les entre les espaces créés dans le pain.

Badigeonnez le pain avec le beurre à l'ail et au persil. Enfournez pour 15 minutes sur une grille, jusqu'à ce que le fromage soit bien fondant. Bon appétit !

Piquez chaque partie du pain avec des piques à brochettes dès la sortie du four si vous voulez éviter que tout le monde y plonge directement les doigts.

PETITS PAINS COCOTTE
AU SAINT-NECTAIRE

Plongez dans l'authenticité avec ces petits pains cocotte au saint-nectaire. Un mariage parfait entre le fondant du fromage et la texture du pain, pour un moment de réconfort assuré.

Pour 2 personnes | **Préparation : 10 min** | **Cuisson : 12 à 15 min**

2 petits pains ronds
1 gousse d'ail
4 tranches fines de lard
2 tranches de saint-nectaire (200 g)
2 œufs
Poivre noir du moulin

Préchauffez le four à 180 °C (th. 6).

À l'aide d'un couteau, retirez le chapeau des petits pains ronds. Retirez également la mie à l'intérieur.

Épluchez la gousse d'ail et frottez-en l'intérieur des pains.

Déposez les tranches de lard au fond des pains en les laissant dépasser sur le côté. Placez les tranches de saint-nectaire à l'intérieur, puis refermez les tranches de lard sur le fromage et cassez 1 œuf dessus. Assaisonnez avec quelques tours de moulin à poivre.

Enfournez pour 12 à 15 minutes. Une fois les pains cocotte cuits, servez avec un peu de salade. Bon appétit !

Accompagnez ces petits pains au saint-nectaire d'une généreuse portion de confiture de myrtilles.

LES FILANTS

ATTENTION ÇA COULE !

5

TARTIFLETTE

Plongez dans la tradition avec ce classique savoyard qui réchauffe le cœur et régale les papilles. Des pommes de terre fondantes, des oignons dorés et du reblochon fondant… Un régal absolu !

Pour 4 à 6 personnes
Préparation : 15 min
Cuisson : 40 min

1 kg de pommes de terre à chair ferme
2 oignons
4 tranches de lard
1 reblochon de 450 g + 1 de 240 g
1 noix de beurre
½ verre de vin blanc
3 à 4 cuil. à soupe de crème fraîche épaisse
Sel et poivre noir du moulin

Faites précuire les pommes de terre avec la peau dans de l'eau, départ eau froide, pendant environ 10 minutes. Elles doivent rester légèrement fermes.

Égouttez les pommes de terre, épluchez-les, puis coupez-les en lamelles et réservez. Épluchez les oignons et émincez-les. Détaillez les tranches de lard en lardons.

Coupez le reblochon de 240 g en cubes et le reblochon de 450 g en deux dans le sens de l'épaisseur afin d'obtenir 2 disques. Vous pouvez gratter la peau si vous le souhaitez avant découpe.

Préchauffez le four à 200 °C (th. 6/7). Dans une poêle, faites revenir les lardons dans le beurre quelques minutes à feu moyen, puis ajoutez les oignons et laissez-les suer pendant 5 minutes. Déglacez avec le vin blanc et laissez le vin s'évaporer en poursuivant la cuisson. Ajoutez les pommes de terre dans la poêle ainsi que les cubes de reblochon et la crème fraîche. Salez, poivrez et mélangez doucement pour ne pas casser les pommes de terre.

Une fois le fromage fondu, déposez cette préparation dans un plat, puis disposez dessus les deux moitiés de reblochon. Enfournez pour environ 20 minutes jusqu'à ce que le fromage soit bien doré. Bon appétit !

Accompagnez cette tartiflette d'une salade verte croquante assaisonnée d'une vinaigrette légère pour équilibrer les saveurs et apporter une touche déculpabilisante ! Petite précision : la pastille rouge ou verte sur le reblochon est en caséine, une protéine de lait, donc elle est comestible. Ce n'est pas de la cire !

HACHIS PARMENTIER

Retrouvez le réconfort d'un bon plat familial avec ce hachis Parmentier. Une préparation simple et efficace qui séduira toute la famille, des petits aux grands gourmands.

Pour 4 à 6 personness **Préparation : 15 min** **Cuisson : 45 min**

---

700 g de pommes de terre à purée
2 oignons
2 gousses d'ail
350 g de viande de bœuf hachée
2 noix de beurre
11 cl de lait
130 g de fromage râpé
Noix de muscade
Sel et poivre noir du moulin

Préchauffez le four à 180 °C (th. 6). Lavez et épluchez les pommes de terre, puis coupez-les en morceaux. Déposez-les dans une casserole d'eau froide salée. Laissez cuire jusqu'à ce qu'elles soient tendres, environ 20 minutes.

En parallèle de la cuisson des pommes de terre, pelez et hachez les oignons et les gousses d'ail, puis faites-les revenir dans une poêle avec 1 noix de beurre. Ajoutez la viande hachée et faites-la cuire quelques minutes. Assaisonnez avec du sel et du poivre, puis réservez.

Lorsque les pommes de terre sont cuites, égouttez-les et écrasez-les à l'aide d'un presse-purée.

Ajoutez le beurre restant, le lait, du sel, du poivre et de la muscade râpée, puis mélangez bien.

Dans un plat à gratin, étalez la viande assaisonnée au fond, puis déposez la purée par-dessus et étalez bien. Saupoudrez le dessus du hachis Parmentier de fromage râpé. Enfournez pour 20 minutes, jusqu'à ce que le dessus soit bien doré. Bon appétit !

Pour une touche de fraîcheur et de couleur, vous pouvez ajouter une poignée de persil frais ciselé sur le dessus du hachis juste avant de servir.

PALLARES
SOLSONA

CROZIFLETTE

Variez les plaisirs avec cette croziflette, une délicieuse variante de la tartiflette classique. Les crozets fondants, le reblochon coulant. Un bon compromis dans l'assiette !

Pour 4 à 6 personnes
Préparation : 10 min
Cuisson : 35 min

700 g de crozets
2 oignons
4 tranches de lard
1 reblochon de 450 g + 1 de 240 g
1 noix de beurre
3 à 4 cuil. à soupe de crème fraîche épaisse
½ verre de vin blanc
Sel et poivre noir du moulin

Faites cuire les crozets dans une grande casserole d'eau bouillante salée selon les instructions du paquet, puis égouttez-les. Épluchez les oignons et émincez-les. Détaillez les tranches de lard en lardons.

Coupez le reblochon de 240 g en cubes et le reblochon de 450 g en deux dans le sens de l'épaisseur afin d'obtenir 2 disques. Vous pouvez gratter la peau si vous le souhaitez avant découpe. (D'ailleurs, petite précision : la pastille rouge ou verte sur le reblochon est en caséine, une protéine de lait, donc elle est comestible.)

Préchauffez le four à 200 °C (th. 6/7).

Dans une poêle, faites revenir les lardons dans le beurre quelques minutes à feu moyen, puis ajoutez les oignons et laissez-les suer pendant 5 minutes. Déglacez avec le vin blanc et laissez le vin s'évaporer en poursuivant la cuisson. Ajoutez les crozets dans la poêle ainsi que les cubes de reblochon et la crème fraîche. Salez, poivrez et mélangez.

Une fois le fromage fondu, déposez cette préparation dans un plat, puis disposez dessus les deux moitiés de reblochon.

Enfournez pour environ 20 minutes jusqu'à ce que le fromage soit bien doré. Bon appétit !

Pour une présentation élégante, servez la croziflette dans des cocottes individuelles, parfait pour recevoir !

PIZZA SAVOYARDE

Retrouvez toute la chaleur des montagnes ! Des pommes de terre fondantes, des lardons croustillants, le tout sublimé par la générosité du reblochon… Un pur délice !

Pour 2 personnes
Préparation : 10 min
Cuisson : 12 à 15 min

1 oignon
160 g de reblochon
1 boule de pâte à pizza (p. 22)
Farine pour le plan de travail
160 g de crème fraîche épaisse
160 g de lardons fumés
Huile d'olive
Poivre noir du moulin

Préchauffez le four à 250 °C (th. 8/9).

Épluchez et émincez l'oignon. Détaillez le reblochon en tranches.

Étalez la pâte à pizza sur un plan de travail légèrement fariné pour lui donner la forme et l'épaisseur désirées. Déposez la pâte sur une plaque de cuisson recouverte de papier cuisson, si vous n'avez pas de support à pizza.

Étalez la crème fraîche sur la pâte en laissant une bordure vide de 2 cm. Répartissez les lardons et les oignons sur la crème fraîche, puis recouvrez avec les tranches de reblochon. Arrosez d'huile d'olive et assaisonnez avec quelques tours de moulin à poivre.

Enfournez la pizza pour 12 à 15 minutes, jusqu'à ce que le fromage soit bien fondu et la pâte dorée et croustillante.
Une fois la pizza cuite, découpez-la et servez chaud.
Bon appétit !

Pour une touche de gourmandise supplémentaire, arrosez la pizza de quelques gouttes de miel juste avant de la déguster.

CALZONE
AUX CHAMPIGNONS, JAMBON ET FROMAGE

Embarquez pour l'Italie avec cette calzone au jambon, champignons et fromage. Un condensé de saveurs et un cœur généreusement garni. À tomber par terre !

Pour 2 personnes
Préparation : 15 min
Cuisson : 12 à 15 min

200 g de champignons frais
2 gousses d'ail
Quelques branches de persil frais
Huile d'olive
1 boule de pâte à pizza (p. 22)
Farine pour le plan de travail
100 à 150 g de sauce tomate, selon l'épaisseur souhaitée
160 g de jambon blanc
160 g de mozzarella
60 g de parmesan râpé
1 jaune d'œuf pour la dorure
Poivre noir du moulin

Préchauffez le four à 250 °C (th. 8/9).

Émincez les champignons, pelez et hachez l'ail, hachez le persil, puis faites revenir le tout dans une poêle avec de l'huile jusqu'à ce que les champignons soient tendres. Réservez.

Étalez la pâte à pizza sur un plan de travail légèrement fariné afin de lui donner la forme et l'épaisseur désirées. Déposez la pâte sur une plaque de cuisson recouverte de papier cuisson, si vous n'avez pas de support à pizza.

Détaillez la mozzarella en tranches. Étalez la sauce tomate sur la pâte en laissant une bordure vide de 2 cm. Disposez sur la moitié de la pâte le jambon cuit coupé en tranches, les champignons, la mozzarella et saupoudrez de parmesan râpé. Assaisonnez avec du poivre du moulin.

À l'aide d'un pinceau, badigeonnez le bord de jaune d'œuf, repliez l'autre moitié de la pâte sur la garniture et scellez les bords à l'aide d'une fourchette. Badigeonnez la surface de la calzone avec du jaune d'œuf battu et faites un petit trou au centre pour laisser la vapeur s'échapper pendant la cuisson.

Enfournez pour 12 à 15 minutes, jusqu'à ce que la pâte soit dorée et croustillante. Une fois la calzone cuite, découpez-la et servez chaud. Bon appétit !

Pour éviter que la garniture ne déborde pendant la cuisson, veillez à bien sceller les bords de la calzone avec une fourchette avant de l'enfourner.

PIZZA
AUX 4 FROMAGES

Pourquoi se satisfaire d'un fromage quand on peut en avoir plusieurs ? Régalez-vous avec cette pizza aux 4 fromages, une valeur sûre qui séduira les amateurs de fromage.

Pour 2 personnes
Préparation : 10 min
Cuisson : 12 à 15 min

1 boule de pâte à pizza (p. 22)
Farine pour le plan de travail
200 g de crème fraîche
120 g de mozzarella
120 g de cheddar
120 g de parmesan
120 g de gorgonzola
2 cuil. à soupe d'huile d'olive
Poivre noir du moulin

Préchauffez le four à 250 °C (th. 8/9).

Râpez la mozzarella, le cheddar et le parmesan séparément. Émiettez le gorgonzola.

Étalez la pâte à pizza sur un plan de travail légèrement fariné pour lui donner la forme et l'épaisseur désirées. Déposez la pâte sur une plaque de cuisson recouverte de papier cuisson, si vous n'avez pas de support à pizza.

Étalez la crème fraîche sur la pâte en laissant une bordure vide de 2 cm. Parsemez de mozzarella, de cheddar, de gorgonzola et de parmesan râpé. Arrosez d'huile d'olive et assaisonnez avec quelques tours de moulin à poivre.

Enfournez la pizza pour 12 à 15 minutes, jusqu'à ce que les fromages soient bien fondus et la pâte dorée et croustillante. Une fois la pizza cuite, découpez-la et servez chaud.
Bon appétit !

Pour une touche d'originalité, ajoutez quelques feuilles de roquette juste avant de servir pour apporter une note de fraîcheur à votre pizza.

SPAGHETTIS
CACIO E PEPE

C'est toujours agréable d'avoir une recette de pâtes italiennes sous la main qui soit simple et rapide à préparer. Ne lésinez pas sur le poivre, c'est ce qui donne tout son charme à la recette.

Pour 2 personnes
Préparation : 10 min
Cuisson : 8 à 10 min

300 g de spaghettis
200 g de pecorino romano + pour servir
1 cuil. à soupe de poivre noir en grains + pour servir
Sel

Portez une grande casserole d'eau à ébullition avec une bonne poignée de sel. Plongez les spaghettis et faites-les cuire en suivant les instructions du paquet.

Pendant la cuisson des pâtes, râpez le pecorino romano et écrasez le poivre dans un mortier pour qu'il libère toutes ses saveurs.

Dans une casserole, faites torréfier le poivre 1 minute, puis ajoutez 1 à 2 cuillerées à soupe d'eau de cuisson des pâtes et laissez réduire cette préparation à feu moyen.

Baissez le feu au minimum, et ajoutez les pâtes égouttées dans la casserole avec le poivre, puis intégrez petit à petit le fromage tout en mélangeant. La sauce ne doit surtout pas coaguler, donc n'augmentez pas la puissance du feu, soyez patient. Une fois que la sauce enrobe bien les pâtes, dressez-les dans une assiette en les saupoudrant de fromage et de poivre. Bon appétit !

Pour une sauce lisse, mélangez une louche d'eau de cuisson des pâtes chaude avec le fromage.

PENNE AU GORGONZOLA
ET NOIX

Plongez dans un tourbillon de saveurs avec ces penne au gorgonzola et noix. Elles réunissent la richesse du fromage bleu et le croquant des noix pour une expérience gustative intéressante.

Pour 2 personnes
Préparation : 10 min
Cuisson : 8 à 10 min

300 g de penne
50 g de noix
Quelques branches de persil frais
2 cuil. à soupe de crème liquide
150 g de gorgonzola
Sel et poivre noir du moulin

Portez une grande casserole d'eau à ébullition avec une bonne poignée de sel. Plongez les penne et faites-les cuire en suivant les instructions du paquet.

Pendant la cuisson des pâtes, concassez les noix. Hachez le persil.

Dans une poêle, faites chauffer la crème liquide. Plongez-y le gorgonzola en morceaux et laissez fondre en remuant.

Ajoutez les pâtes égouttées, avec 1 à 2 cuillerées à soupe d'eau de cuisson, qui va permettre de lier le tout. Assaisonnez avec du sel et du poivre.

Une fois la préparation bien crémeuse, dressez les pâtes dans une assiette. Saupoudrez de noix concassées et de persil. Bon appétit !

Ajoutez quelques lamelles de poire fraîche juste avant de servir.

COQUILLETTES
JAMBON-EMMENTAL

Retombez en enfance avec ce classique réconfortant : les coquillettes jambon-emmental. Une recette simple et rapide qui évoque instantanément des souvenirs nostalgiques.

Pour 2 personnes
Préparation : 10 min
Cuisson : 8 à 10 min

300 g de coquillettes
150 g de jambon blanc
150 g d'emmental + pour servir
Quelques brins de ciboulette
50 g de beurre
5 cl de crème fraîche liquide
Sel et poivre noir du moulin

Portez une grande casserole d'eau à ébullition avec une bonne poignée de sel. Plongez les coquillettes et faites-les cuire en suivant les instructions du paquet.

Pendant la cuisson des pâtes, détaillez le jambon en dés, râpez le fromage. Ciselez la ciboulette.

Faites fondre le beurre dans une casserole. Ajoutez le jambon et faites-le revenir à feu moyen. Incorporez ensuite la crème liquide et l'emmental râpé. Assaisonnez avec du sel et du poivre. Mélangez bien et laissez cuire à feu doux pour faire fondre le fromage.

Ajoutez les pâtes égouttées, avec 1 à 2 cuillerées à soupe d'eau de cuisson, qui va permettre de lier le tout. Rectifiez l'assaisonnement.

Une fois la préparation bien crémeuse, dressez les pâtes dans une assiette. Saupoudrez de fromage râpé et de ciboulette ciselée. Bon appétit !

Pour un gratin encore plus gourmand, saupoudrez le dessus des coquillettes d'un mélange de chapelure et de fromage râpé avant de les passer sous le gril du four.

LES CRÉMEUX

ATTENTION ÇA COULE !

6

VERRINE AVOCAT ET CHÈVRE

Laissez-vous tenter par la douceur crémeuse de ces verrines à l'avocat et au chèvre. Une combinaison exquise d'avocat et de fromage de chèvre frais pour une entrée rapide à réaliser.

Pour 2 personnes
Préparation : 15 min
Cuisson : 4 min
Réfrigération : 1 h

1 petite échalote
8 tomates cerises
2 avocats mûrs
Le jus de ½ citron vert
Quelques gouttes de Tabasco®
180 g de fromage de chèvre frais
2 tranches de pain de campagne
1 noix de beurre
1 cuil. à soupe de miel liquide
Quelques brins de ciboulette
Sel et poivre noir du moulin

Pelez et ciselez l'échalote. Coupez les tomates cerises en dés. Réservez-les.

Coupez les avocats en deux, retirez le noyau. Prélevez la chair à l'aide d'une cuillère. Mettez-la dans un saladier avec l'échalote ciselée, le jus de citron, le Tabasco® ainsi que du sel et du poivre. Mélangez bien.

Dans les verrines, déposez la préparation à l'avocat au fond, émiettez du chèvre et parsemez de tomates.

Placez les verrines au réfrigérateur pendant au moins 1 heure. Avant de servir, détaillez les tranches de pain en bâtonnets et faites-les toaster 2 minutes sur chaque face dans une poêle avec du beurre. Pour finir, arrosez les verrines de miel et parsemez de ciboulette ciselée. Servez avec les bâtonnets de pain. Bon appétit !

Pour un contraste de textures, ajoutez une couche de graines torréfiées sur le dessus de chaque verrine avant de servir.

VERRINE THON
ET RICOTTA

Plongez votre fourchette dans ces irrésistibles verrines de thon et de ricotta et vous passerez un pur moment de gourmandise.

Pour 2 personnes | **Préparation : 10 min** | **Réfrigération : 1 h**

½ oignon rouge
1 grosse tomate
1 boîte de thon au naturel
Le jus de 1 citron
220 g de ricotta
Piment d'Espelette ou paprika
Quelques brins de ciboulette
Huile d'olive
Sel et poivre noir du moulin

Pelez et ciselez l'oignon rouge. Coupez la tomate en dés. Réservez.

Égouttez le thon et émiettez-le dans un bol à l'aide d'une fourchette. Ajoutez l'oignon rouge, la tomate ainsi que le jus de citron. Assaisonnez avec du sel et du poivre. Mélangez.

Dans un autre bol, mélangez la ricotta avec du sel et du poivre, 1 pincée de piment d'Espelette ou de paprika et de la ciboulette ciselée.

Déposez un peu de ricotta assaisonnée au fond des verrines, ajoutez quelques cuillerées à café de la préparation au thon, à nouveau de la ricotta et terminez par une couche de thon.

Placez les verrines au réfrigérateur pendant au moins 1 heure. Avant de servir, parsemez de ciboulette ciselée et arrosez de quelques gouttes d'huile d'olive. Bon appétit !

Vous pouvez râper ou zester un peu de citron sur vos verrines.

VERRINE CREVETTE
ET MASCARPONE

Une véritable symphonie de saveurs marines et crémeuses ! La douceur du mascarpone se marie harmonieusement avec la fraîcheur des crevettes, pour une entrée pleine de caractère.

Pour 2 personnes
Préparation : 15 min
Cuisson : 5 min
Réfrigération : 1 h

1 gousse d'ail
150 g de mini-crevettes roses décortiquées
240 g de mascarpone
½ avocat mûr
Le zeste et le jus de ½ citron vert
2 cuil. à soupe de crème liquide
1 cuil. à soupe d'aneth haché + pour servir
Huile d'olive
Sel et poivre noir du moulin

Pelez et hachez l'ail. Faites chauffer de l'huile dans une poêle, ajoutez l'ail haché et les mini-crevettes roses décortiquées. Laissez-les revenir pour légèrement les faire dorer. Réservez-les.

Dans un bol, mélangez bien la moitié du mascarpone avec la chair de l'avocat, le zeste et le jus de citron vert, du sel et du poivre.

Dans un autre bol, mélangez le reste du mascarpone avec la crème, l'aneth et assaisonnez avec du sel et du poivre.

Déposez la préparation mascarpone-avocat au fond des verrines, puis un peu de crème au mascarpone et des crevettes. Répétez cette opération en terminant par des crevettes.

Placez les verrines au réfrigérateur pendant au moins 1 heure. Avant de servir, parsemez d'aneth et ajoutez quelques gouttes de citron vert. Bon appétit !

Ajoutez une touche de piment d'Espelette pour relever le goût.

QUICHE AU KIRI®
ET COURGETTE

Ces délicieuses quiches sont un excellent moyen de faire apprécier les courgettes aux petits. Mes enfants en raffolent !

Pour 4 personnes
Préparation : 20 min
Cuisson : 30 min

1 pâte brisée (p. 24)
3 courgettes moyennes
1 à 2 gousses d'ail
8 portions de Kiri®
3 œufs
11 cl de crème fraîche liquide
5,5 cl de lait
1 pincée de noix de muscade
Huile d'olive
Sel et poivre noir du moulin
Beurre et farine pour le moule

Foncez la pâte brisée dans un cercle à pâtisserie ou dans un moule de 22 cm de diamètre beurré et fariné. Piquez la pâte sans la percer à l'aide d'une fourchette. Réservez.

À l'Économe, réalisez des lamelles dans les courgettes. Roulez-les en forme de fleur et piquez-les avec un cure-dent pour qu'elles se tiennent.

Pelez et hachez l'ail. Faites chauffer de l'huile dans une poêle, puis faites revenir quelques minutes l'ail haché et les fleurs de courgette (elles doivent conserver leur forme). Réservez.

Préchauffez le four à 200 °C (th. 6/7).

Mixez les fromages, les œufs, la crème et le lait ainsi qu'un filet d'huile d'olive. Salez, poivrez, râpez de la muscade et mixez bien le tout pour avoir une crème bien lisse.

Retirez les cure-dents des courgettes et déposez-les sur la quiche pour former une jolie fleur. Remplissez de crème autour des courgettes.

Enfournez pour 25 minutes en surveillant. Laissez tiédir un peu avant de servir la quiche. Bon appétit !

Si vous n'avez pas de Kiri® sous la main, la Vache qui Rit® ou les Apéricubes® peuvent également être utilisés.

QUICHE AU LARD
ET FROMAGE

La quiche lardons-fromage est un classique de notre gastronomie, offrant des délicieuses saveurs rustiques et réconfortantes.

Pour 4 personnes
Préparation : 15 min
Cuisson : 25 min

1 pâte brisée (p. 24)
4 tranches de lard
4 œufs
18 cl de crème fraîche liquide
9 cl de lait
Noix de muscade
120 g de gruyère râpé
Sel et poivre noir du moulin
Beurre et farine pour le moule

Foncez la pâte brisée dans un cercle à pâtisserie ou dans un moule de 22 cm de diamètre beurré et fariné. Piquez la pâte sans la percer à l'aide d'une fourchette. Réservez.

Coupez les tranches de lard en morceaux et faites-les blanchir dans une casserole d'eau froide. Égouttez-les dès que l'eau bout.

Préchauffez le four à 200 °C (th. 6/7).

Dans un saladier, mélangez les œufs avec la crème, le lait, du sel, du poivre et de la noix de muscade.

Déposez les lardons sur le fond de la pâte, puis versez la préparation à base d'œufs et de crème. Parsemez de gruyère.

Enfournez pour 25 minutes en surveillant. Laissez tiédir un peu avant de servir la quiche. Bon appétit !

Vous pouvez sortir des sentiers battus en variant les fromages. Laissez libre cours à votre créativité !

QUICHE THON
TOMATE ET MOZZARELLA

La quiche thon, tomate et mozzarella est une ode à la simplicité et à la fraîcheur méditerranéenne. La combinaison du thon fondant, des tomates juteuses et de la mozzarella crémeuse est vraiment un délice.

Pour 4 personnes | **Préparation : 15 min** | **Cuisson : 25 min**

1 pâte brisée (p. 24)
2 tomates
1 boule de mozzarella
2 cuil. à soupe de moutarde
1 boîte de thon
4 œufs
18 cl de crème fraîche liquide
9 cl de lait
Quelques feuilles de basilic frais
Sel et poivre noir du moulin
Beurre et farine pour le moule

Préchauffez le four à 200 °C (th. 6/7).

Foncez la pâte brisée dans un cercle à pâtisserie ou dans un moule de 22 cm de diamètre beurré et fariné. Piquez la pâte sans la percer à l'aide d'une fourchette. Réservez.

Coupez les tomates et la mozzarella égouttée en tranches.

Étalez la moutarde sur le fond de tarte, émiettez le thon égoutté dessus, puis disposez les tranches de tomate et de mozzarella.

Dans un saladier, mélangez les œufs avec la crème, le lait, du sel, du poivre et les feuilles de basilic ciselées.

Versez la préparation sur la tarte et enfournez pour 25 minutes en surveillant. Laissez tiédir un peu avant de servir la quiche. Bon appétit !

Accompagnez la quiche d'une salade d'épinards frais pour une touche de fraîcheur supplémentaire.

RISOTTO
AU PARMESAN

Voyagez en Italie avec ce risotto au parmesan, une recette emblématique qui marie à merveille le crémeux du riz arborio et la saveur intense du parmesan.

Pour 2 personnes
Préparation : 15 min
Cuisson : 30 min

1 oignon
1 gousse d'ail
100 g de parmesan
Quelques branches de persil frais
1 cube de bouillon au choix
Huile d'olive
160 g de riz arborio
4 cl de vin blanc
20 g de beurre
Sel et poivre noir du moulin

Épluchez l'oignon et l'ail, ciselez finement l'oignon et hachez l'ail. Râpez 80 g de parmesan et préparez des copeaux à l'Économe avec le reste. Hachez le persil.

Faites chauffer le cube de bouillon dans 60 cl d'eau. Réservez.

Dans une casserole, faites revenir l'oignon et l'ail dans un peu d'huile et laissez cuire à feu moyen jusqu'à ce que l'oignon devienne translucide, 4 à 5 minutes environ. Ajoutez le riz arborio, puis remuez bien pour enrober le riz d'huile jusqu'à ce qu'il devienne translucide, 3 minutes environ. Attention, cela ne doit pas colorer.

Versez le vin blanc et remuez constamment jusqu'à ce qu'il soit complètement absorbé par le riz. Ajoutez une louche de bouillon sur le riz et remuez jusqu'à ce que le liquide soit absorbé, puis répétez l'opération jusqu'à ce que le riz soit cuit sans jamais cesser de remuer. Cela prend environ 18 minutes en tout.

Une fois le riz cuit, retirez la casserole du feu et incorporez le beurre en cubes, le parmesan râpé, du sel et du poivre, puis remuez bien. Il faut que le riz soit bien crémeux.

Dressez dans des assiettes creuses avec quelques copeaux de parmesan dessus et du persil haché. Bon appétit !

Ajoutez une pointe de safran sur le risotto pour plus de couleur.

RISOTTO
AUX 4 FROMAGES

Découvrez l'harmonie parfaite des saveurs dans ce risotto aux 4 fromages : ces derniers se marient vraiment à merveille et vous en redemanderez !

Pour 2 personnes
Préparation : 15 min
Cuisson : 30 min

2 échalotes
1 gousse d'ail
20 g de parmesan
20 g de comté
20 g de gruyère
20 g de mozzarella
Quelques brins de ciboulette
1 cube de bouillon au choix
Huile d'olive
160 g de riz arborio
4 cl de vin blanc
20 g de beurre
Sel et poivre noir du moulin

Épluchez les échalotes et l'ail, ciselez finement l'échalote et hachez l'ail. Râpez le parmesan, le gruyère, le comté et émiettez la mozzarella. Ciselez la ciboulette.

Faites chauffer le cube de bouillon dans 60 cl d'eau. Réservez.

Dans une casserole, faites revenir l'échalote et l'ail dans un peu d'huile et laissez cuire à feu moyen jusqu'à ce que l'échalote devienne translucide, 4 à 5 minutes environ. Ajoutez le riz arborio, puis remuez bien pour enrober le riz d'huile jusqu'à ce qu'il devienne translucide, 3 minutes environ. Attention, cela ne doit pas colorer.

Versez le vin blanc et remuez constamment jusqu'à ce qu'il soit complètement absorbé par le riz. Ajoutez une louche de bouillon sur le riz et remuez jusqu'à ce que le liquide soit absorbé, puis répétez l'opération jusqu'à ce que le riz soit cuit sans jamais cesser de remuer. Cela prend environ 18 minutes en tout.

Une fois le riz cuit, retirez la casserole du feu et incorporez le beurre en cubes, l'ensemble des fromages, du sel et du poivre, puis remuez bien. Il faut que le riz soit bien crémeux.

Dressez dans des assiettes creuses avec un peu de fromage dessus et la ciboulette ciselée. Bon appétit !

Remplacez le vin par un peu de vinaigre de cidre si vous n'aimez pas l'alcool.

RISOTTO AU GORGONZOLA ET NOIX

Plongez à pleine fourchette dans ce risotto, combinaison audacieuse de crémeux et de croquant. L'onctuosité du gorgonzola se marie à merveille avec le craquant des noix.

Pour 2 personnes
Préparation : 15 min
Cuisson : 30 min

1 oignon
1 gousse d'ail
80 g de gorgonzola
1 poignée de noix
1 cube de bouillon au choix
Huile d'olive
160 g de riz arborio
4 cl de vin blanc
20 g de beurre
Sel et poivre noir du moulin

Épluchez l'oignon et l'ail, ciselez finement l'oignon et hachez l'ail. Émiettez le gorgonzola. Concassez les noix.

Faites chauffer le cube de bouillon dans 60 cl d'eau. Réservez.

Dans une casserole, faites revenir l'oignon et l'ail dans un peu d'huile et laissez cuire à feu moyen jusqu'à ce que l'oignon devienne translucide, 4 à 5 minutes environ. Ajoutez le riz arborio, puis remuez bien pour enrober le riz d'huile jusqu'à ce qu'il devienne translucide, 3 minutes environ. Attention, cela ne doit pas colorer.

Versez le vin blanc et remuez constamment jusqu'à ce qu'il soit complètement absorbé par le riz. Ajoutez une louche de bouillon sur le riz et remuez jusqu'à ce que le liquide soit absorbé, puis répétez l'opération jusqu'à ce que le riz soit cuit sans jamais cesser de remuer. Cela prend environ 18 minutes en tout.

Une fois le riz cuit, retirez la casserole du feu et incorporez le beurre en cubes, le gorgonzola, du sel et du poivre, puis remuez bien. Il faut que le riz soit bien crémeux.

Dressez dans des assiettes creuses avec quelques morceaux de gorgonzola émietté dessus et les noix concassées. Bon appétit !

Torréfiez les noix à la poêle avant de les ajouter au risotto pour encore plus de gourmandise.

LES GOURMANDS

ATTENTION ÇA COULE !

7

SALADE
DE CHÈVRE CHAUD

Classique, me direz-vous, certainement ! Mais c'est un classique indémodable que je prends toujours plaisir à déguster quand j'en ai l'occasion. Pas besoin d'aller au bistro pour s'offrir ce petit plaisir !

Pour 2 personnes **Préparation : 10 min** **Cuisson : 8 min**

1 baguette de pain
1 bûche de chèvre frais
1 cuil. à soupe de miel liquide
2 brins de thym
3 cuil. à soupe d'huile d'olive
1 cuil. à soupe de vinaigre balsamique
8 tomates cerises
1 échalote
1 salade verte
1 poignée de noix
Sel et poivre noir du moulin

Préchauffez le four à 200 °C (th. 6/7).

Découpez des rondelles de baguette et de chèvre assez épaisses. Posez chaque rondelle de chèvre sur une rondelle de pain.

Badigeonnez le chèvre d'un filet de miel et d'huile d'olive, puis saupoudrez de thym effeuillé et poivrez. Enfournez sur une plaque pour 8 minutes.

Dans un bol, mélangez 2 cuillerées à soupe d'huile d'olive, le balsamique et le miel. Réservez.

Coupez les tomates cerises en deux. Pelez et émincez l'échalote.

Dressez la salade lavée dans des assiettes creuses, répartissez les tomates et l'échalote. Une fois les chèvres chauds prêts, placez-les sur la salade. Arrosez le tout de vinaigrette. Parsemez de noix et servez immédiatement pendant que le chèvre est encore chaud. Bon appétit !

Vous pouvez remplacer le miel par du sirop d'érable pour une petite touche canadienne.

SALADE DE TOMATES CERISES
ET MOZZARELLA, SAUCE PESTO

Cette salade de tomates cerises et mozzarella avec la sauce pesto, c'est une farandole de saveurs méditerranéennes.

Pour 2 personnes
Préparation : 5 min

200 g de tomates cerises
200 g de billes de mozzarella
2 cuil. à soupe de pesto (p. 16)
2 cuil. à soupe d'huile d'olive
Quelques feuilles de basilic frais
50 g de noix de cajou
Sel et poivre noir du moulin

Mettez les tomates cerises ainsi que les billes de mozzarella égouttées dans un saladier. Ajoutez-y le pesto, l'huile d'olive, du sel et du poivre. Mélangez.

Dressez le tout dans des assiettes creuses. Parsemez de feuilles de basilic et de noix de cajou. Ajoutez quelques tours de moulin à poivre, et c'est prêt !

Vous pouvez aussi réaliser cette recette en forme de mini-brochettes.

SALADE CÉSAR
AU COMTÉ

Optez pour une version audacieuse de l'incontournable salade César avec une touche de comté, offrant une expérience gustative riche en textures et en saveurs.

Pour 2 personnes
Préparation : 15 min
Cuisson : 10 à 15 min

2 filets de poulet
1 poignée de graines de sésame
2 tranches de pain
100 g de comté
2 cuil. à soupe de moutarde douce
1 laitue romaine
1 poignée de tomates cerises
Huile d'olive

Pour la sauce César :
1 gousse d'ail
2 cuil. à soupe de mayonnaise (p. 18)
1 cuil. à café de moutarde douce
Le jus de ½ citron
2 cuil. à soupe de parmesan râpé
Sel et poivre noir du moulin

Faites revenir les filets de poulet dans une poêle chaude avec de l'huile jusqu'à ce qu'ils soient bien dorés, 5 à 7 minutes sur chaque face en fonction de l'épaisseur des filets. Laissez refroidir. Profitez de la même poêle pour faire torréfier des graines de sésame. Réservez.

Détaillez les tranches de pain en cubes et, dans la même poêle, faites-les revenir dans de l'huile. Réservez une fois qu'ils sont bien dorés. Taillez le comté en copeaux à l'aide d'un Économe.

Pour la sauce, pelez et hachez l'ail. Dans un bol, mélangez l'ail haché, la mayonnaise, la moutarde, le jus de citron, le parmesan râpé, ainsi que du sel et du poivre. Réservez.

Badigeonnez légèrement les filets de poulet de moutarde douce et roulez-les dans le sésame. Coupez les filets en tranches.

Dressez la salade dans de grandes assiettes creuses, déposez dessus le poulet, les tomates cerises coupées en deux, les croûtons et les copeaux de comté. Arrosez le tout de sauce César avant de servir. Bon appétit !

Pour une touche classique, ajoutez des anchois à la vinaigrette.

CRÊPES
AUX 4 FROMAGES

Dégustez un festin de fromages avec cette crêpe gourmande aux 4 fromages, un délice fondant et nostalgique pour les amateurs de fromage. Bien meilleure que la version surgelée !

Pour 2 personnes
Préparation : 5 min
Cuisson : 6 min

2 louches de pâte à crêpes (p. 26)
50 g de brie
50 g de comté
50 g de chèvre frais
50 g de camembert
Quelques branches de persil frais
2 cuil. à soupe de crème fraîche
Poivre noir du moulin
Beurre pour la cuisson

Préparez la pâte à crêpes. Coupez les fromages en petits morceaux. Hachez le persil.

Faites chauffer une poêle à crêpes, graissez-la, puis mettez une bonne louche de pâte. Étalez en faisant tourner la poêle.

Au bout d'une minute, retournez la crêpe. Étalez 1 cuillerée à soupe de crème fraîche dessus, assaisonnez avec du poivre. Déposez des morceaux de fromage, puis refermez les quatre coins de la crêpe en appuyant légèrement pour souder les bords. Continuez à cuire à feu moyen jusqu'à ce que les fromages soient bien fondus.

Dressez dans une assiette et parsemez de persil. Refaites de même pour la seconde crêpe. Bon appétit !

Accompagnez-la d'une salade verte agrémentée de noix et d'une vinaigrette maison pour un repas équilibré.

CRÊPES AU JAMBON
CHAMPIGNONS ET GRUYÈRE

Explorez une palette de saveurs avec cette crêpe généreuse, mariage parfait entre le jambon savoureux, les champignons fondants et le gruyère gratiné.

Pour 2 personnes
Préparation : 10 min
Cuisson : 6 min

2 louches de pâte à crêpes (p. 26)
240 g de champignons de Paris frais
Quelques branches de persil frais
2 cuil. à soupe de crème fraîche
2 tranches de jambon blanc
160 g de gruyère râpé
Poivre noir du moulin
Beurre pour la cuisson

Préparez la pâte à crêpes. Lavez et tranchez les champignons. Hachez le persil.

Faites fondre du beurre dans une poêle, ajoutez-y les champignons avec une bonne poignée de persil haché. Salez et poivrez. Laissez cuire quelques minutes sur feu moyen-vif. Une fois que les champignons ont rendu leur eau, réservez-les.

Faites chauffer une poêle à crêpes, graissez-la, puis mettez une bonne louche de pâte. Étalez en faisant tourner la poêle.

Au bout d'une minute, retournez la crêpe. Étalez 1 cuillerée à soupe de crème fraîche dessus, assaisonnez avec du poivre. Déposez 1 tranche de jambon, un peu de champignons et parsemez de gruyère, puis refermez les quatre coins de la crêpe en appuyant légèrement pour souder les bords. Continuez à cuire à feu moyen jusqu'à ce que le fromage soit bien fondu.

Dressez dans une assiette et parsemez de persil. Refaites de même pour la seconde crêpe. Bon appétit !

Optez pour une présentation en version roulée pour une touche ludique, idéale pour plaire aux enfants.

CRÊPES SAVOYARDES

Assistez à la rencontre de l'authenticité des montagnes avec la Bretagne grâce à ces crêpes garnies de lardons et de reblochon fondant : un régal réconfortant après une journée enneigée.

Pour 2 personnes
Préparation : 10 min
Cuisson : 6 min

200 g de pommes de terre cuites pelées
200 g de reblochon
Quelques brins de ciboulette
200 g de lardons fumés
1 oignon
2 galettes de sarrasin (maison ou du commerce)
4 cuil. à soupe de crème fraîche
Sel et poivre noir du moulin
Beurre pour la cuisson

Détaillez les pommes de terre en rondelles et le reblochon en tranches. Ciselez la ciboulette.

Faites revenir les lardons dans une poêle sans matière grasse jusqu'à ce qu'ils soient bien dorés. Retirez-les et réservez-les.

Pelez et émincez l'oignon et faites-le revenir dans la même poêle avec une noisette de beurre jusqu'à ce qu'il soit tendre. Réservez.

Faites chauffer une poêle à crêpes, graissez-la, puis déposez 1 galette. Au bout d'une minute, retournez-la, étalez 1 cuillerée à soupe de crème fraîche dessus, assaisonnez avec du sel et poivre. Répartissez des pommes de terre cuites, des oignons et des lardons et ajoutez quelques tranches de reblochon. Refermez les quatre coins de la crêpe en appuyant légèrement pour souder les bords. Continuez à cuire à feu moyen jusqu'à ce que le fromage soit bien fondu.

Dressez dans une assiette et parsemez de ciboulette. Refaites de même pour la seconde crêpe. Bon appétit !

Pour une variante, le fromage à raclette peut être un bon compromis au reblochon.

FALAFELS FARCIS
AU GRUYÈRE

Surprenez vos convives avec ces falafels farcis au gruyère, une recette tellement surprenante et originale qu'elle deviendra un de vos incontournables !

Pour 2 personnes
Préparation : 10 min
Réfrigération : 30 min
Cuisson : 20 min

1 petite boîte de pois chiches
2 gousses d'ail
120 g de gruyère
1 cuil. à café de cumin moulu
1 cuil. à soupe de farine
¼ de botte de persil
Huile d'olive
1 poignée de graines de sésame
Sauce tomate pour servir
Sel et poivre noir du moulin

Égouttez les pois chiches. Pelez les gousses d'ail. Détaillez le gruyère en cubes.

Mixez les pois chiches avec l'ail, le cumin, la farine, le persil, du sel et du poivre jusqu'à obtenir une pâte lisse.

Prélevez un morceau de pâte et aplatissez-le dans la paume de votre main. Placez 1 cube de gruyère au centre. Refermez pour former une boule. Assurez-vous que le fromage soit bien recouvert. Déposez au fur et à mesure les falafels sur une plaque de cuisson recouverte de papier cuisson. Laissez reposer au réfrigérateur pendant 30 minutes.

Préchauffez le four à 180 °C (th. 6). Badigeonnez légèrement les falafels d'huile d'olive au pinceau et roulez-les dans les graines de sésame.

Enfournez pour 20 minutes. Surveillez bien pour ne pas trop les cuire. Servez-les chauds avec de la sauce tomate. Bon appétit !

Si la sauce tomate ne vous tente pas, servez les falafels avec une sauce au yaourt aux herbes aromatiques.

BOULETTES 3 VIANDES
ENROBÉES DE MOZZARELLA

Succombez à la générosité de ces boulettes aux 3 viandes, enveloppées dans une couche de mozzarella fondante. C'est un pur délice.

Pour 2 personnes | **Préparation : 10 min** | **Cuisson : 12 à 15 min**

---

1 gousse d'ail
½ oignon
100 g de viande de bœuf hachée
100 g de viande de veau hachée
100 g de viande de porc hachée
1 œuf
2 cuil. à soupe de chapelure
2 boules de mozzarella
2 cuil. à soupe de basilic ciselé
+ quelques feuilles de basilic entières
Huile d'olive
Sel et poivre noir du moulin

Préchauffez le four à 180 °C (th. 6).

Pelez et hachez l'ail et l'oignon. Dans un saladier, mélangez bien les viandes hachées avec l'œuf, la chapelure, l'ail, l'oignon, du sel, du poivre et le basilic ciselé. Formez des boulettes avec la préparation et déposez-les sur une plaque de cuisson recouverte de papier cuisson.

Détaillez la mozzarella en tranches et déposez 1 tranche sur chaque boulette. Badigeonnez-les d'un peu d'huile d'olive au pinceau.

Enfournez pour 12 à 15 minutes. Dressez les boulettes dans une assiette et parsemez-les de feuilles de basilic. Bon appétit !

Accompagnez les boulettes d'une sauce tomate maison parfumée aux herbes fraîches.

BOULETTES AU POULET
ET MIMOLETTE

Laissez-vous séduire par ces boulettes de poulet farcies à la mimolette, une association qui ravira vos papilles, j'en suis certain !

Pour 2 personnes
Préparation : 10 min
Réfrigération : 30 min
Cuisson : 12 à 15 min

150 g de mimolette
1 échalote
1 gousse d'ail
300 g de poulet
1 œuf
50 g de chapelure
1 cuil. à soupe de paprika
1 cuil. à soupe de concentré de tomate
Huile d'olive
Sel et poivre noir du moulin

Détaillez la mimolette en cubes. Pelez l'échalote et l'ail.

Mixez le poulet avec l'œuf, la chapelure, l'ail, l'échalote, le paprika, le concentré de tomate, du sel et du poivre.

Prélevez un peu de la préparation et aplatissez-la dans votre paume. Placez 1 cube de mimolette au centre. Refermez pour former une boule. Assurez-vous que le fromage soit bien recouvert. Déposez au fur et à mesure les boulettes sur une plaque de cuisson recouverte de papier cuisson. Laissez reposer au réfrigérateur pendant 30 minutes.

Mettez une poêle à chauffer avec un filet d'huile. Faites cuire les boulettes pendant 12 à 15 minutes à feu doux en les retournant régulièrement. Servez les boulettes chaudes avec la sauce de votre choix. Bon appétit !

Servez les boulettes avec des pommes de terre sautées au persil pour une combinaison délicieuse.

LES DÉCADENTS

ATTENTION ÇA COULE !

8

FEUILLETÉ AU REBLOCHON
ET KNACKI®

C'est vraiment un apéritif à partager entre amis ou en famille, et l'avantage, c'est que vous pouvez le faire avec le fromage de votre choix !

Pour 4 à 6 personnes
Préparation : 15 min
Cuisson : 45 min

14 Knacki®
2 pâtes feuilletées
1 reblochon
1 jaune d'œuf
1 poignée de graines de sésame

Préchauffez le four à 180 °C (th. 6).

Coupez les saucisses en morceaux de 2 cm de long. Étalez la première pâte feuilletée sur une plaque recouverte de papier cuisson. Déposez le reblochon au centre de la pâte feuilletée. Au pinceau, badigeonnez le tour du reblochon avec du jaune d'œuf, puis déposez la seconde pâte. Appuyez pour bien souder la pâte autour du reblochon.

Disposez les saucisses sur deux rangées autour du reblochon. Coupez des bandes entre chaque morceau de saucisse. Enroulez le morceau de saucisse le plus proche du reblochon dans la lamelle de pâte supérieure. Puis répétez l'opération avec le morceau de saucisse du bord extérieur et enroulez-le dans la pâte du dessous. Badigeonnez le feuilleté de jaune d'œuf battu et saupoudrez de graines de sésame.

Enfournez pour environ 45 minutes.

Dressez le feuilleté sur une assiette à la sortie du four, coupez le « chapeau » et mélangez le reblochon avec une cuillère. Vous n'avez plus qu'à arracher les saucisses feuilletées et à les tremper dans le reblochon. Bon appétit !

Pour répartir équitablement le fromage, étalez-le directement sur la pâte feuilletée à l'aide d'une cuillère.

la recette en vidéo

SOLEIL FEUILLETÉ
AU PESTO ROSSO

Vous allez adorer cette recette ; le côté feuilleté associé à la force du pesto rosso est un vrai bonheur en bouche. C'est vraiment une recette irrésistible.

Pour 4 à 6 personnes
Préparation : 10 min
Cuisson : 25 min

250 g de pesto (p. 16)
1 cuil. à soupe de concentré de tomate
2 pâtes feuilletées
1 œuf
1 poignée de graines de sésame

Préchauffez le four à 180 °C (th. 6).

Mélangez le pesto avec le concentré de tomate. Réservez.

Étalez la première pâte feuilletée sur une plaque recouverte de papier cuisson. Versez le pesto rosso au centre et étalez-le sur la pâte en laissant une bordure de 1 cm sur le tour.

Au pinceau, badigeonnez le tour d'œuf battu, puis déposez la seconde pâte feuilletée et soudez bien le bord avec les doigts. Placez un verre au centre de la pâte en appuyant légèrement sans percer la pâte. Coupez autour des bandes de 2 cm environ.

Tournez chaque bande sur elle-même deux à trois fois. Badigeonnez-les toutes de jaune d'œuf et saupoudrez de graines de sésame. Retirez le verre et enfournez pour environ 25 minutes. Servez le feuilleté tiède. Bon appétit !

Accompagnez ce délice croustillant d'une salade verte croquante pour équilibrer les saveurs et les textures.

BURGER XXL
AU REBLOCHON ET POULET

Un burger généreux qui marie à la perfection le fondant du reblochon, la tendreté du poulet et le moelleux du pain. Ne vous attaquez pas seul à cette montagne, partagez-la avec vos amis !

Pour 2 personnes
Préparation : 15 min
Cuisson : 10 min

Pour le poulet :
2 œufs
Sel et poivre noir du moulin
150 g de corn-flakes
2 filets de poulet
50 g de farine

Pour le burger :
Quelques brins de ciboulette
2 échalotes
10 g de beurre
1 cuil. à soupe de sucre en poudre
1 gros pain à burger (recette p. 28)
1 œuf
6 tranches de lard
Sel et poivre noir du moulin

Pour la sauce :
120 g de crème fraîche
Le jus de ½ citron
Quelques brins de ciboulette
Sel et poivre noir du moulin

Aplatissez les escalopes de poulet. Grattez la croûte du reblochon et déposez-le sur les escalopes. Fermez pour recouvrir le reblochon avec le poulet.

Dans une assiette creuse, fouettez les œufs avec du sel et du poivre. Déposez les corn-flakes concassés et la farine dans deux autres assiettes creuses. Panez le poulet avec le reblochon dans la farine, puis dans l'œuf, et enfin dans les corn-flakes. Répétez cette opération une nouvelle fois.

Faites-le frire dans une huile à 180 °C pendant environ 10 minutes. Réservez au chaud.

Ciselez la ciboulette. Pelez et émincez les échalotes et faites-les revenir dans une poêle avec le beurre et le sucre. Réservez quand elles sont bien caramélisées. Dans la même poêle, toastez le pain à burger coupé en deux. Réservez.

Dans la même poêle, faites cuire l'œuf au plat, salez et poivrez, parsemez de ciboulette, et déposez les tranches de lard.

Dans un bol, mélangez la crème fraîche avec le jus de citron, de la ciboulette ciselée, du sel et du poivre.

Étalez la sauce sur la base du pain à burger, déposez le poulet pané, ajoutez de la sauce, les échalotes confites et les tranches de lard grillées. Terminez par l'œuf au plat et fermez le pain.

Coupez le burger en deux en maintenant les deux moitiés avec des piques à brochettes. Servez chaud. Bon appétit !

Servir avec des potatoes.

BURGER XXL
AU BŒUF ET CAMEMBERT

Un burger savoureux où se rencontrent la robustesse du bœuf et la douceur fondante du camembert.

Pour 2 personnes
Préparation : 5 min
Cuisson : 5 min

1 camembert
600 g de viande de bœuf hachée
2 gros pains à burger (recette p. 28)
Huile d'olive
Sel et poivre noir du moulin

Pour la sauce :
½ oignon rouge
Quelques brins de ciboulette
3 cornichons
120 g de crème fraîche entière
Sel et poivre noir du moulin

Coupez le camembert en tranches fines. Réservez-les.

Pelez et émincez l'oignon rouge. Ciselez la ciboulette et les cornichons. Dans un bol, mélangez la crème entière, la ciboulette, l'oignon rouge et les cornichons, assaisonnez et réservez.

Façonnez 4 boules avec la viande hachée et appuyez dessus pour former des steaks. Assaisonnez-les avec du sel sur chaque face. Déposez-les dans une poêle bien chaude avec un peu d'huile et retournez les steaks au bout de 2 minutes. Déposez les tranches de camembert dessus et laissez fondre à couvert.

Retirez les steaks de la poêle et faites dorer les pains à burger coupés en deux dans la même poêle.

Pour le dressage : étalez la sauce sur les bases des pains à burger, déposez les steaks dessus (comptez 2 steaks par burger) et fermez avec le dernier chapeau en appuyant légèrement.

Coupez les burgers en deux en maintenant les deux moitiés avec des piques à brochettes. Servez chaud. Bon appétit !

Accompagnez votre festin d'une boisson ! Il est possible de mettre des tranches de fromage entre chaque steak pour une touche de gourmandise supplémentaire.

MONT D'OR
ET CHARCUTERIE

Une assiette conviviale où se mêlent les saveurs riches du mont d'or et la variété de la charcuterie.

Pour 2 personnes **Préparation : 5 min** **Cuisson : 15 à 20 min**

---

1 gousse d'ail
1 mont d'or (environ 500 g)
2 cuil. à soupe de vin blanc du Jura
1 brin de thym
4 tranches de jambon cru
4 tranches de jambon blanc
4 tranches de rosette
4 cornichons
1 baguette
Poivre noir moulu

Préchauffez le four à 180 °C (th. 6).

Pelez et hachez la gousse d'ail.

Quadrillez au couteau le dessus du mont d'or, puis versez dessus le vin blanc, ajoutez l'ail haché, le thym et du poivre moulu. Écartez le quadrillage afin de bien faire pénétrer les ingrédients.

Enfournez le mont d'or dans sa boîte en bois pour 20 à 30 minutes.

Une fois le mont d'or bien coulant, déposez-le au milieu d'une planche en bois, et dressez autour la charcuterie et les cornichons. Vous pouvez ajouter quelques tranches de pain, voir des pommes de terre vapeur. Servez aussitôt. Bon appétit !

Ce plat se marie aussi très bien avec des pommes de terre grenaille. Attention ! Le mont d'or n'est disponible que du 15 septembre au 15 avril !

Mont d'or
Fabriqué au lait cru
MM
25 JH

PRÉFOU À L'AIL
ET SON FROMAGE COULANT

Une bouchée qui réveille les papilles avec l'arôme puissant de l'ail et le fromage onctueux qui fond en bouche.

Pour 4 personnes
Préparation : 10 min
Cuisson : 15 à 20 min

Pour le préfou :
2 gousses d'ail
100 g de beurre mou
2 cuil. à soupe de persil haché
1 baguette de pain

Pour le fromage :
Fromage de votre choix (du Chaumes® ou du Chaumes® Le Crémeux par exemple)
1 cuil. à soupe de vin blanc (type Bergerac ou du Périgord)
1 gousse d'ail
1 branche de thym
Sel et poivre noir moulu

Préchauffez le four à 180 °C (th. 6).

Pelez et hachez les 3 gousses d'ail. Mixez le beurre ramolli avec 2 gousses d'ail hachées et le persil.

Coupez la baguette en deux, étalez la préparation sur chaque moitié du pain. Refermez la baguette et coupez-la en tranches.

Quadrillez le fromage, arrosez-le de vin et saupoudrez-le d'ail haché et de thym effeuillé.

Enfournez le préfou et le fromage sur une plaque de cuisson pour 15 à 20 minutes en fonction du poids du fromage.
À la sortie du four, mélangez le fromage, puis dégustez en trempant le préfou dans le fromage. Bon appétit !

Idéal à déguster en apéritif, accompagné d'un verre de vin blanc frais.

LES RECETTES HITS

ATTENTION ÇA COULE !

9

REBLOCHON PANÉ
COULANT ET CROUSTILLANT

Une expérience croustillante et fondante à la fois, avec le reblochon pané qui libère son crémeux à chaque bouchée.

Pour 4 personnes
Préparation : 10 min
Cuisson : 5 min

1 reblochon au lait cru
3 œufs
150 g de chapelure
50 g de farine
Huile de friture
Sel et poivre noir du moulin

Coupez le reblochon en 8 parts, puis piquez chaque part dans l'épaisseur avec une pique à brochettes pour pouvoir la manipuler. Réservez-les au frais.

Battez les œufs dans une assiette creuse avec du sel et du poivre.

Dans une autre assiette creuse, versez la chapelure, puis dans une troisième assiette, la farine.

Mettez l'huile à chauffer dans une casserole. Elle doit atteindre 185 °C.

Passez les morceaux de reblochon dans la farine, puis dans l'œuf battu et enfin dans la chapelure. Répétez l'opération œuf-chapelure deux fois.

Faites frire dans l'huile pendant 4 à 5 minutes jusqu'à ce que les reblochons panés soient bien dorés. Attention à ne pas vous brûler ! Servez avec une bonne salade. Bon appétit !

Servez ces délices avec une confiture de figues pour une touche sucrée-salée.

la recette en vidéo

ROSTFREI 18/10

CAMEMBERT RÔTI
AU FOUR

Un plaisir réconfortant où le camembert chaud et fondant se marie à merveille avec des aromates subtils.

Pour 4 personnes
Préparation : 10 min
Cuisson : 30 min

1 camembert au lait cru avec sa boîte en bois
1 gousse d'ail
1 cuil. à soupe de vin blanc
Quelques brins de thym

Pour les brochettes de pommes de terre au lard :
16 petites pommes de terre grenaille
8 tranches fines de lard

Préchauffez le four à 180 °C (th. 6).

Faites cuire les pommes de terre dans une casserole d'eau bouillante environ 15 minutes. Égouttez-les, puis piquez-les par quatre sur des piques à brochettes en bois. Enveloppez chaque brochette de pommes de terre dans 2 fines tranches de lard.

Retirez l'emballage papier du camembert et remplacez-le par un papier sulfurisé, puis redéposez le camembert dans sa boîte en bois.

Pelez et hachez la gousse d'ail. Découpez un carré au centre du fromage avec un couteau, sans aller jusqu'au bout. Retirez le carré, déposez l'ail haché, versez le vin et refermez. Parsemez le dessus du fromage de thym effeuillé.

Enfournez le camembert et les brochettes de pommes de terre au lard pour environ 15 à 20 minutes, jusqu'à ce que le fromage soit bien fondu et le lard grillé.

À la sortie du four, mélangez le camembert avec une cuillère et dégustez-le avec les brochettes et un bon verre de vin blanc, bien entendu. Bon appétit !

Du pain, du pain, ça fait aussi le job à la place des pommes de terre.

la recette en vidéo

PAIN À L'AIL
ET AU FROMAGE

Laissez-vous tenter par l'irrésistible mariage de l'ail, du fromage et du pain avec cette recette de pain à l'ail et au fromage. À éviter pour un premier rendez-vous !

Pour 2 à 3 personnes
Préparation : 10 min
Cuisson : 45 min

3 têtes d'ail
12 tomates cerises
1 verre d'huile d'olive
2 à 3 brins de romarin frais
1 grande tranche de pain
50 g de poudre d'amandes
1 poignée de feuilles de basilic
150 g de parmesan râpé
Sel et poivre noir

Préchauffez le four à 180 °C (th. 6).

Placez dans un plat à four les gousses d'ail épluchées et les tomates cerises, arrosez d'huile d'olive et déposez le romarin.

Déposez le plat sur une grille avec la tranche de pain et enfournez le pain pour 5 minutes, l'ail et les tomates pour 40 minutes. Laissez refroidir.

Égouttez l'ail et les tomates, puis écrasez-les au pilon avec la poudre d'amandes et les trois quarts du basilic (gardez quelques feuilles pour le service).

Badigeonnez la tranche de pain avec cette préparation et saupoudrez de parmesan râpé. Passez ensuite sous le gril du four pendant 3 à 5 minutes pour faire dorer. Déposez quelques feuilles de basilic ciselées dessus et coupez le pain en tranches. Bon appétit !

Avec de l'Ossau-Iraty, c'est aussi très bon.

la recette en vidéo

PÂTES AU PESTO

Un plat simple mais délicieux, où la fraîcheur et la puissance du pesto se marient à la perfection avec les pâtes al dente.

Pour 2 personnes
Préparation : 5 min
Cuisson : 8 à 10 min

200 g de penne (ou autres pâtes)
2 gousses d'ail
50 g de pignons de pin
+ pour le dressage
50 g de parmesan râpé
+ pour le dressage
30 à 40 feuilles de basilic
+ pour le dressage
3 à 4 cuil. à soupe d'huile d'olive
1 à 2 jaunes d'œufs
Sel, fleur de sel et poivre noir du moulin

Portez une grande casserole d'eau à ébullition avec une bonne poignée de sel. Plongez les penne et faites-les cuire en suivant les instructions du paquet.

Épluchez les gousses d'ail. Dans un mortier ou un mixeur, mettez l'ail, les pignons, le parmesan ainsi que les feuilles de basilic et l'huile d'olive. Pilonnez ou mixez le tout.

Égouttez les pâtes et déposez-les dans un saladier, ajoutez le pesto et mélangez bien.

Dressez les pâtes dans des assiettes, déposez 1 jaune d'œuf cru au centre. Ciselez quelques feuilles de basilic sur les pâtes et saupoudrez de pignons de pin et de parmesan râpé. Assaisonnez avec un peu de fleur de sel et quelques tours de moulin à poivre. Bon appétit !

Vous pouvez remplacer les pignons de pin par des noix de cajou.

la recette en vidéo

LES PÂTES
À LA CARBONARA

Parmi les plats italiens, celui-ci est en deuxième position sur mon échelle de la gourmandise pour son côté crémeux, poivré et gourmand, ainsi que la simplicité de sa préparation.

Pour 2 personnes
Préparation : 10 min
Cuisson : 15 min

180 g de spaghettis
100 g de pecorino
+ 50 g pour le dressage
1 œuf entier + 2 jaunes
150 g de guanciale
Sel et poivre noir du moulin

Portez une grande casserole d'eau à ébullition avec une bonne poignée de sel. Plongez les spaghettis et faites-les cuire en suivant les instructions du paquet.

Pendant ce temps, râpez le pecorino.

Dans un saladier, mettez les jaunes, l'œuf entier, 100 g de pecorino ainsi qu'une louche d'eau de cuisson des pâtes. Mélangez bien pour obtenir une crème un peu épaisse. Assaisonnez la préparation avec beaucoup de poivre, puis réservez.

Faites griller les morceaux de guanciale dans une poêle bien chaude, sans matière grasse.

Versez les pâtes égouttées dans la poêle, avec 1 à 2 cuillerées à soupe d'eau de cuisson, puis ajoutez la préparation œuf et pecorino. Si besoin, ajoutez un peu d'eau de cuisson des pâtes et mélangez bien en laissant cuire le tout à feu doux pendant 1 à 2 minutes.

Dressez le plat dans les assiettes, parsemez de pecorino râpé et bon appétit !

N'ajoutez pas trop d'eau de cuisson des pâtes pour éviter que la mantecatura *ne devienne trop liquide.*

la recette en vidéo

ROSTFREI 18/10

SPAGHETTIS AUX BOULETTES
DE VIANDES, CRÈME CAMEMBERT

Une variation gourmande des spaghettis à la viande, avec une sauce onctueuse au camembert qui enrobe chaque boulette.

Pour 2 personnes
Préparation : 15 min
Cuisson : 1 h

200 g de spaghettis

Pour la farce :
½ oignon
4 cuil. à soupe de persil + pour le dressage
150 g de viande de bœuf hachée
150 g de viande de veau hachée
1 cuil. à soupe de concentré de tomate
1 œuf
50 g de farine
Huile de friture
Sel et poivre noir du moulin

Pour la crème camembert :
1 camembert
6 petites tomates grappe
1 tête d'ail
2 cuil. à soupe d'huile d'olive
2 cuil. à soupe de miel liquide
2 branches de romarin ou de thym
1 cuil. à soupe de crème fraîche
Sel et poivre noir du moulin

Préchauffez le four à 180 °C (th. 6). Dans un plat allant au four, déposez le camembert entier, les tomates ainsi que la tête d'ail entière.

Badigeonnez le tout d'huile d'olive et de miel, puis déposez les branches de romarin ou de thym. Enfournez le camembert et les tomates pour 15 minutes et l'ail pour 50 minutes.

Pendant ce temps, pelez et hachez l'oignon, ciselez le persil. Dans un saladier, mélangez bien les viandes hachées avec l'oignon, le concentré de tomate, le persil, l'œuf, du sel et du poivre. Formez des boulettes entre vos mains et passez-les dans la farine.

Mettez une poêle à chauffer avec un filet d'huile. Faites cuire les boulettes pendant 12 à 15 minutes à feu doux en les retournant régulièrement jusqu'à ce qu'elles soient bien dorées. Réservez au chaud.

Portez une grande casserole d'eau à ébullition avec une bonne poignée de sel. Plongez les spaghettis et faites-les cuire en suivant les instructions du paquet.

Mixez le camembert avec l'ail et les tomates, ainsi que la crème fraîche, du sel et du poivre.

Égouttez les spaghettis et dressez-les dans les assiettes avec les boulettes et la sauce. Parsemez de persil. Bon appétit !

Une recette qui marche aussi très bien avec du reblochon.

la recette en vidéo

GRATIN RACLETTE

Un plat réconfortant qui réunit le crémeux de la raclette, les pommes de terre fondantes et la charcuterie savoureuse. Parfait si vous avez envie de raclette mais que vous n'avez pas d'appareil !

Pour 4 personnes | **Préparation : 15 min** | **Cuisson : 30 min**

---

1 kg de pommes de terre à chair ferme
400 g de fromage à raclette
2 gousses d'ail
Noix de muscade
3 à 4 cuil. à soupe de crème fraîche
5 à 6 tranches de jambon blanc
Sel et poivre noir du moulin

Faites précuire les pommes de terre avec la peau dans de l'eau, départ eau froide, pendant environ 10 minutes. Elles doivent rester légèrement fermes.

Préchauffez le four à 180 °C (th. 6). Tranchez le fromage à raclette. Épluchez et hachez les gousses d'ail.

Épluchez les pommes de terre et découpez-les en morceaux et mettez-les dans un saladier. Assaisonnez-les avec du sel, du poivre et une pincée de muscade râpée, puis ajoutez la crème fraîche et l'ail haché. Mélangez délicatement.

Dans un plat à gratin, déposez une couche de pommes de terre, couvrez de la moitié des tranches de jambon et de fromage à raclette, et répétez l'opération en terminant par une couche de fromage.

Enfournez pour 15 à 20 minutes jusqu'à ce que le fromage soit gratiné. Servez avec un peu de salade. Bon appétit !

Accompagnez d'une salade verte croquante.

la recette en vidéo

MAC AND CHEESE

Découvrez le réconfort ultime avec ce classique américain : le mac and cheese. Une combinaison crémeuse de pâtes et de fromage qui ravira les palais de tous, petits et grands.

Pour 2 personnes
Préparation : 15 min
Cuisson : 35 min

200 g de macaronis
2 cuil. à soupe de beurre
2 cuil. à soupe de farine
15 cl de lait
Noix de muscade
150 g de cheddar râpé
Chapelure
Sel et poivre noir du moulin

Faites fondre le beurre dans une casserole. Ajoutez la farine et mélangez bien. Laissez cuire le roux à feu moyen pendant 2 à 3 minutes. Ajoutez le lait, du sel, du poivre et un peu de noix de muscade râpée. Mélangez jusqu'à épaississement, environ 10 minutes.

Incorporez enfin le fromage râpé et mélangez jusqu'à ce qu'il soit bien fondu. Réservez.

Portez une grande casserole d'eau à ébullition avec une bonne poignée de sel. Plongez les macaronis et faites-les cuire en suivant les instructions du paquet.

Préchauffez le four à 180 °C (th. 6).

Égouttez les macaronis et incorporez-les à la béchamel. Mélangez bien.

Transférez l'ensemble dans un plat allant au four et saupoudrez de chapelure. Enfournez pour 20 à 25 minutes, jusqu'à ce que le dessus soit doré. Laissez reposer quelques minutes avant de servir. Bon appétit !

Pour sortir de la version cheddar classique, sachez que cette recette se réalise à merveille avec du mont d'or.

la recette en vidéo

PIZZA MARGHERITA

Retrouvez l'essence de l'Italie avec la pizza margherita, qui allie simplicité et saveurs authentiques : une base de sauce tomate, de mozzarella fondante et du basilic frais !

Pour 2 personnes
Préparation : 10 min
Cuisson : 15 min

- 120 g de mozzarella
- 1 boule de pâte à pizza (p. 22)
- Farine pour le plan de travail
- 2 grosses louches de sauce tomate
- 2 cuil. à soupe d'huile d'olive
- Quelques feuilles de basilic
- Poivre noir du moulin

Préchauffez le four à 250 °C (th. 8/9).

Tranchez la mozzarella.

Étalez la pâte à pizza sur un plan de travail légèrement fariné afin de lui donner la forme et l'épaisseur souhaitées. Déposez la pâte sur une plaque de cuisson recouverte de papier cuisson, si vous n'avez pas de support à pizza.

Étalez la sauce tomate sur la pâte en laissant une bordure vide de 2 cm. Déposez les tranches de mozzarella, arrosez d'huile d'olive et donnez quelques tours de moulin à poivre.

Enfournez pour 12 à 15 minutes, jusqu'à ce que le fromage soit bien fondu et la pâte dorée et croustillante. À la sortie du four, disposez des feuilles de basilic là où il n'y a pas de mozzarella. C'est prêt, découpez et servez chaud. Bon appétit !

Pour une pizza encore plus parfumée, arrosez-la d'un filet d'huile d'olive extra vierge juste avant de la servir.

la recette en vidéo

LES RECETTES HITS

PIZZA PESTO
BURRATA

Cette pizza a connu un grand succès sur mes réseaux sociaux car elle propose une alternative intéressante aux classiques à base de sauce tomate ou de crème fraîche. Un régal !

Pour 2 personnes
Préparation : 10 min
Cuisson : 15 min

150 g de tomates cerises
5 olives noires dénoyautées
1 boule de pâte à pizza (p. 22)
Farine pour le plan de travail
1 grosses louches de pesto (p. 16)
80 g de parmesan râpé
1 cuil. à soupe d'huile d'olive
1 burrata
Quelques feuilles de basilic
Poivre du moulin

Préchauffez le four à 250 °C (th. 8/9).

Coupez les tomates cerises en deux. Détaillez les olives en rondelles.

Étalez la pâte à pizza sur un plan de travail légèrement fariné pour lui donner la forme et l'épaisseur désirées. Déposez la pâte sur une plaque de cuisson recouverte de papier sulfurisé, si vous n'avez pas de support à pizza.

Étalez les trois quarts du pesto sur la pâte en laissant une bordure vide de 2 cm. Disposez les trois quarts des tomates cerises et des rondelles d'olives noires sur le pesto. Saupoudrez de parmesan. Arrosez d'huile d'olive et assaisonnez avec du poivre.

Enfournez pour 12 à 15 minutes, jusqu'à ce que le fromage soit bien fondu et la pâte dorée et croustillante. Une fois la pizza sortie du four, déposez la burrata au centre, tranchez-la, puis étalez-la sur la pizza. Ajoutez les demi-tomates cerises et les olives noires réservées. Badigeonnez de pesto restant et garnissez de feuilles de basilic.

C'est prêt, découpez et servez chaud. Bon appétit !

Évitez de la servir à vos amis italiens, sous peine de perdre des amis.

la recette en vidéo

TABLE DES RECETTES

INDEX DES FROMAGES

INDEX DES PRODUITS

INDEX DES RECETTES

Chef Jean-Nours

Je tiens à remercier ma compagne Pauline, mes enfants et ma famille, merci pour votre soutien quotidien dans chacun de mes projets. Vous êtes mon inspiration.

À Christophe Fromager, l'une des plus belles rencontres que j'aie faites sur les réseaux sociaux. Merci d'avoir accepté de venir partager tes connaissances et ton savoir incroyable dans le coin des fromages qui t'est entièrement dédié.

Merci à toutes les personnes qui me suivent aujourd'hui sur les réseaux sociaux et qui m'accompagnent dans mes projets. 4 millions de merci !

Au photographe Laurent et à la styliste Bérengère, merci d'avoir mis vos talents au service de ce livre et d'avoir donné vie en images aux recettes.

Aux équipes des Éditions Solar, merci de m'avoir accompagné dans ce projet, merci pour votre patience, vos conseils, et votre dévouement qui ont fait de ce livre ce qu'il est aujourd'hui.

Chef Jean-Nours

Toutes les photos sont de Laurent Moynat
et Bérengère Abraham.

Direction : Didier Férat
Direction éditoriale : Fanny Ecochard-Martin
Édition : Marjorie Goussu

Préparation de copie : Christine Cameau
Relecture : Isabelle Raimond
Graphisme et mise en page : Pierre Manas
Photogravure : Chromostyle
Fabrication : Laurence Duboscq
serviceclients@lisez.com

92, avenue de France, 75013 Paris

ISBN : 978-2-263-18586-1
Code éditeur : L18586/01
Dépôt légal : octobre 2024
Imprimé en France par Pollina - 50759.